RICARDO MANSUR

GOVERNANÇA DE TI VERDE
O OURO VERDE DA NOVA TI

Governança de TI Verde – O Ouro Verde da Nova TI

Copyright© Editora Ciência Moderna Ltda., 2011.
Todos os direitos para a língua portuguesa reservados pela EDITORA CIÊNCIA MODERNA LTDA.
De acordo com a Lei 9.610, de 19/2/1998, nenhuma parte deste livro poderá ser reproduzida, transmitida e gravada, por qualquer meio eletrônico, mecânico, por fotocópia e outros, sem a prévia autorização, por escrito, da Editora.

Editor: Paulo André P. Marques
Supervisão Editorial: Aline Vieira Marques
Copidesque: Luciana Nogueira
Capa: Daniel Jara
Diagramação: Érika Loroza
Assistente Editorial: Vanessa Motta

Várias **Marcas Registradas** aparecem no decorrer deste livro. Mais do que simplesmente listar esses nomes e informar quem possui seus direitos de exploração, ou ainda imprimir os logotipos das mesmas, o editor declara estar utilizando tais nomes apenas para fins editoriais, em benefício exclusivo do dono da Marca Registrada, sem intenção de infringir as regras de sua utilização. Qualquer semelhança em nomes próprios e acontecimentos será mera coincidência.

FICHA CATALOGRÁFICA

MANSUR, Ricardo.
Governança de TI Verde – O Ouro Verde da Nova TI
Rio de Janeiro: Editora Ciência Moderna Ltda., 2011

1. Informática.
I — Título

ISBN: 978-85-399-0045-9   CDD 001.642

Editora Ciência Moderna Ltda.
R. Alice Figueiredo, 46 – Riachuelo
Rio de Janeiro, RJ – Brasil   CEP: 20.950-150
Tel: (21) 2201-6662 / Fax: (21) 2201-6896
LCM@LCM.COM.BR
WWW.LCM.COM.BR

Uma vez Shakespeare disse que a vida é tão curta que deveria ser feita só de momentos de prazer. Dedico esta obra aos meus pais e amigos que possibilitaram os bons momentos da minha vida.

AGRADECIMENTOS

Agradeço aos meus pais e professores pelo empenho na educação formal e preparação para a vida, aos meus amigos que me ajudaram nesta caminhada e a Deus pela força de vontade para superar os desafios da vida.

Sobre o autor

Ricardo Mansur é graduado em Engenharia Eletrônica com Mestrado e MBA em Finanças, Administração, Tecnologia da Informação e Negócios Digitais. Na atuação profissional em várias empresas multinacionais de grande porte, desenvolveu e comandou mais de 500 projetos de qualidade dos serviços de TI.

Desde 1986, atua no desenvolvimento e gerenciamento de tecnologia, utilizando modelos, frameworks e melhores práticas como o Six Sigma, CMMI, PMBoK®, Prince2™, ITIL®, CobiT®, IT Balanced Scorecard, eSCM-SP, eTOM®, ISO 27001, M_O_R, MSP, etc. para promover a integração negócios e TI. Os diversos projetos realizados resultaram em retorno de investimento acima de US$ 25 milhões. Os projetos tiveram retorno médio de 24% e alguns alcançaram a estratosférica taxa de 120%.

Durante a carreira, o autor vem exercendo inúmeras iniciativas de inovação, gestão empresarial, planejamento estratégico, administrativo e financeiro, gerenciamento e escritório de tecnologia e projetos, engenharia eletrônica, software e telecomunicações, inteligência artificial e competitiva, gestão do conhecimento e colaboração, análise de cenários, robótica e automação predial e industrial.

O autor é palestrante de diversos congressos nacionais e internacionais. Entre os trabalhos publicados, os livros *TI Habilitando Negócios*, *Orçamento empresarial 360°*, *Planos de Negócios na Prática*, *Governança Avançada de TI na Prática*, *Escritório Avançado de Projetos na Prática*, *Balanced Scorecard - Revelando SEPV*, *Implementando um Escritório de Projetos*, *Governança de TI: Frameworks, Metodologias e Melhores Práticas* e *Uma evolução silenciosa no gerenciamento das empresas com o Six Sigma* destacam-se. O Information Systems Audit and Control Association ® (ISACA®) e o IT Governance Institute (ITGI) dos Estados Unidos desenvolveram várias iniciativas em conjunto com o autor e publicaram o seu artigo *WEG Brazil COBIT Implementation Case Study Analysis* no volume 3, 2007 da COBIT Focus.

A editora europeia, líder em melhores práticas de TI (Van Haren), publicou os livros *Six Sigma for IT Management* e *Frameworks for IT Management* revisados pelo autor. Atualmente é vice-presidente da Sucesu-SP.

PREFÁCIO

A NOVA TI E O CRESCIMENTO ECONÔMICO NO BRASIL

As conversas sobre o crescimento econômico mínimo no nosso país nos últimos anos estão pautadas pela política fiscal e monetária praticada e sustentação financeira de curto, médio e longo prazos.

Apesar da relevância desta pauta, é fundamental destacar que o crescimento econômico de qualquer comunidade passa obrigatoriamente pelo caminho do ganho de produtividade (crescimento da produção). Portanto, é vital focar as conversas nos fatores específicos que levaram as empresas brasileiras a crescimento modesto dos últimos anos; em outras palavras, é preciso avaliar os fatores determinantes do crescimento no nível microeconômico.

Todos sabem que é possível aumentar a produção com a contratação de mais trabalhadores, compra de máquinas e equipamentos ou aumentando a Produtividade Total dos Fatores (PTF), ou seja, fazer mais com a mesma quantidade de capital e trabalho. Em função da atuação agressiva da China e Índia, o PTF ganhou gigantesca importância no mundo nos últimos anos. É possível afirmar que a China fez a primeira revolução cultural do século XXI. Não existem mais dúvidas de que uma das principais formas de as empresas possuírem para aumentar a produtividade é a utilização das novas tecnologias para gerenciar as informações. A China e a Índia catalisam o nascimento da nova Tecnologia de Informações e Comunicações(TIC).

Para identificar as principais barreiras para o crescimento no nível micro é preciso entender o processo de adoção e uso das novas tecnologias no território nacional. Os investimentos em Tecnologia de Informação (TI) estão fortemente associados com o crescimento da intensidade e efetividade do uso de computadores, telecomunicações, mobilidade em conjunto com aplicativos e serviços. TI aumenta a produção empresarial basicamente de duas formas diferentes. Automação completa ou parcial dos processos e serviços de negócio e melhoria da efetividade das informações na cadeia produtiva estendida. Todas as pesquisas mostram que o maior impacto de TI na produtividade corporativa ocorre quando a organização de tecnologia exerce com efetividade o seu papel de entidade facilitadora das informações. Colaboradores e empreendedores tomam melhores decisões e existe orquestração nas ações.

O trabalho *ICT adoption and productivity in developing countries: new firm level evidence from Brazil and India* (BASANT, COMMANDER, HARRISON e MENEZES-FILHO, 2006) mostra os efeitos sobre a produtividade em mil empresas brasileiras e indianas da adoção das novas tecnologias físicas e sociais. As corporações foram organizadas em seis setores da indústria.

O trabalho evidencia que as empresa brasileiras têm um nível tecnológico mais avançado do que as indianas. No Brasil, 30% das organizações pesquisadas têm todos os seus processos de produção automatizados e integrados e na Índia isto ocorre em apenas 10% dos casos. Outro fator relevante da pesquisa é que, no território nacional, 28% dos trabalhadores utilizam computadores na rotina diária de trabalho e na Índia isto ocorre apenas com 22% dos casos. Por isto, o gasto médio com TI representa 4,18% da receita total das empresas brasileiras e 3,34% das indianas.

Apesar desta vanguarda, a nossa situação em relação aos países mais desenvolvidos é bastante modesta. Nos Estados Unidos 57% dos trabalhadores usam computadores e no bloco da União Europeia, a Dinamarca e a Finlândia lideram com 73% de uso e Portugal ocupa o patamar mínimo com 32%. O banco mundial afirma que o Brasil gasta aproximadamente 7% do PIB com TIC e os Estados Unidos investem cerca de 9%. É possível afirmar que o Brasil ainda tem uma longa estrada de oportunidades nesta área.

Apesar das inegáveis oportunidades é preciso entender se a mera aquisição e adoção de novas tecnologias aumenta a produtividade das organizações. O famoso "paradoxo da produtividade" dos anos 1980 descoberto pelo Robert Solow demonstrou que não existe relação entre investimentos em tecnologia de informação e o aumento da produtividade. O brilhante e premiado economista concluiu que é possível ver computadores em todos os lugares, menos nas estatísticas de produtividade dos Estados Unidos.

Diversos trabalhos empíricos foram conduzidos nos anos seguintes para melhorar o entendimento do impacto de TI na produtividade. Os estudos revelaram que existem impactos positivos e significativos da tecnologia sobre a produtividade tanto no nível da microeconomia como na esfera maior da macroeconomia. Alguns trabalhos provaram que uma parte relevante do crescimento econômico e produtividade na América do Norte no final do século XX foi consequência dos robustos investimentos em TI realizados no final dos anos 1980 e início da década seguinte.

Atualmente, existem dados que permitem comprovar estatisticamente as evidências e é possível afirmar que um aumento de 10% nos gastos com tecnologia eleva a produtividade total dos fatores em 1,7% nas empresas brasileiras e em 1% nas firmas indianas. Estamos falando de uma taxa de retorno bastante elevada. Os investimentos em máquinas e equipamentos no mesmo patamar retornam em aumento de produtividade de 2%.

O leitor mais atento certamente está questionando por que o mesmo investimento em TI produz resultado de produtividade diferente no Brasil e na Índia. Se a solução adotada é igual, o resultado também deveria ser. É preciso retornar para a microeconomia das firmas e macroeconomia dos países para entender os resultados diferentes. Os sucessivos e fracassados planos de estabilização da economia brasileira distorceram de tal forma o ambiente de negócio e a gestão empresarial, que a mera disciplina e organização imposta pela adoção de TI pelas empresas foram capazes de produzir ganhos de produtividade.

Os números dos ganhos de produtividade na Índia são menores porque eles não sofreram as profundas desorganizações impostas pela nossa inflação e planos caóticos de estabilização.

Uma vez que as razões para as diferenças do crescimento da produtividade foram devidamente identificadas e explicadas é preciso olhar novamente o paradoxo do excelente prêmio Nobel Robert Solow. Se todos os estudos realizados comprovam que a consequência de investimentos em TI é maior produtividade, então como ele não encontrou estes ganhos em setores que usam intensamente a tecnologia?

No momento em que existir o entendimento de que a aquisição e adoção de TI são condições apenas necessárias para ganhos de desempenho corporativo, o mistério é imediatamente solucionado. Para que exista o endereçamento da condição necessária e suficiente é preciso ir além da adoção da tecnologia e caminhar na direção do usuário de TI.

Nos anos 1980, TI era uma novidade para a grande maioria dos trabalhadores e por isto existia falta de maturidade, capacidade e habilidade dos usuários em relação à melhor forma de explorar os novos recursos, e por isto os setores que adotaram intensamente TI não estavam colhendo ganhos significativos de produtividade. Com a intensificação dos investimentos em treinamento, conhecimento e talento no final dos anos 1980 e seguintes estes setores passaram a colher nos últimos quinze anos os resultados dos investimentos em TI através de elevados ganhos de *performance* corporativa.

A questão da necessidade de adequação ao uso remete ao principal fator crítico de sucesso para obter ganhos relevantes de produtividade com investimento em novas tecnologias de informação pelas firmas. O investimento em tecnologias físicas é importante, mas representa apenas a condição necessária para o crescimento. A tecnologia social, em particular a educação, tem o papel de ser a condição suficiente e por isto é o principal fator crítico para o sucesso da produtividade superior.

A superação das desigualdades pela educação é muito importante para permitir e facilitar o acesso das empresas brasileiras às novas tecnologias. Todos os estudos nacionais reconhecem que a quantidade de trabalhadores com bom nível de ensino e cultural é o principal facilitador e habilitador para a adoção de novas tecnologias pelas empresas nacionais. Recente pesquisa mostrou que os empresários apontam como a principal barreira para maiores investimentos em tecnologias de informação, e portanto maior produtividade, lucro, salário e emprego. a falta de trabalhadores com as qualificações necessárias.

Enquanto 70% dos empreendedores reclamam que faltam de trabalhadores com as qualificações necessárias, apenas 30% se queixam da falta de apoio governamental. Apesar do enorme destaque dado na mídia para os problemas da CLT, apenas 24% dos empresários citam a legislação trabalhista brasileira como entrave para investimentos em capacitação. A grande maioria, 59%, apontou as restrições de crédito e fluxo de caixa provocada pela nossa taxa de juros extravagante como a principal barreira para a educação corporativa. A atuação dos sindicatos, que deveria ser no sentido de superar as dificuldades, representa para 8% dos empreendedores uma barreira para a criação do capital intelectual coletivo corporativo superior.

Os números mostram de forma bastante nítida que o crescimento sustentável de longo prazo no país exige melhorias significativas na qualidade da educação oferecida nas escolas públicas brasileiras. Os 51% dos empresários que reclamam acintosamente do preço do hardware e querem melhor acesso ao crédito e subsídios também destacam que o acesso as novas tecnologias passa pela melhoria educacional e cultural dos funcionários.

Sumário

Capítulo 1 - Nascimento da TI Verde no Brasil 1

Capítulo 2 - Perda Verde 9
   Perda Verde do Setor Financeiro 17
   Agendamento de Exames Laboratoriais na Residência 53
   Relação Lojista e Operadora de Cartão de Crédito 54

Capítulo 3 - Qualidade da Demanda 57
   A Qualidade da Demanda e a Preservação Ambiental 62
   Sustentabilidade e Inovação da Qualidade da Demanda 69

Capítulo 4 - Governança Verde 73
   Modelo de Governança Verde 76
   Fabricação 99
   Consumo, Descarte e Reciclagem 99
   Conclusões 101

Capítulo 5 - Sustentabilidade da Nova TI 103
   Desafios da Nova TI 104
   Melhores Práticas de Redução de Energia 106
   Resumo 127
   Economize Dinheiro e Viva Melhor 128

Capítulo 6 - Informação Útil 133
   Catapultando o Sucesso Verde 133

Capítulo 7 - Compras Sustentáveis 159

Capítulo 8 - Conclusões Verdes 163

Bibliografia 165

Anexo A - Administração dos Riscos 179
   Fatores de Riscos 181
   Gestão dos Fatores de Riscos 182

Anexo B - Virtualização Servidores 203
   Benefícios 203
   Objetivo do Projeto 204
   Comparação Custos 206

IT CAPEX 206
Dez Ganhos de Produtividade 209
Plano de Centralização 210
Cronograma 211

ANEXO C - AVALIAÇÃO VERDE **213**

Introdução

Atualmente é muito difícil não pautar a nossa agenda diária em função da infraestrutura de facilidades disponibilizadas pelos equipamentos eletrônicos no escritório ou em casa. Computadores de todos os portes, telefones celulares, INTERNET cercam as nossas atividades na grande maioria dos lugares. Em menos de trinta anos, os dispositivos eletrônicos móveis e fixos deixaram de ser produtos de luxo e tornaram-se parte indispensável da nossa vida em função do crescente número de facilidades e funcionalidades e da extraordinária e rápida queda de preços nos últimos anos.

O relatório da Associação Nacional de Fabricantes de Produtos Eletroeletrônicos (Eletros) de 2007 mostrou que os computadores já fazem parte da realidade de cerca de 20% dos lares Brasileiros. Estamos neste quesito alinhados com globalização, pois a média mundial gira ao redor da mesma ordem de grandeza.

Este alinhamento parece ser algo extremamente positivo em uma primeira análise. No entanto, ele revela nos detalhes um enorme problema de médio e longo prazo. O lixo digital. Os trabalhos da Fundação Getúlio Vargas (FGV), publicados em 2009, mostraram que a soma dos equipamentos novos e velhos no Brasil já superou a marca de 60 milhões, ou seja, para cada grupo de três habitantes existe um computador.

Considerado o atual nível de crescimento do PIB e da renda, será muito provável a superação dos 100 milhões de computadores corporativos e domésticos em 2011. Como na virada do milênio existiam apenas 10 milhões de computadores no Brasil, estamos falando de uma taxa extraordinária de crescimento. Em apenas uma década a quantidade foi multiplicada por dez. O Gartner divulgou em 2009 que o número de computadores pessoais em uso no mundo no ano da copa do mundo de 2014 vai superar a casa dos dois bilhões.

Este cenário de enormes oportunidades crescentes pode facilmente virar um dramático filme de terror pela questão do lixo. Nunca na breve história de Tecnologia de Informações e Comunicações (TIC) existiu tanta preocupação dos Chief of Information Officer (CIOs) em relação as medidas e controles que reduzam com efetividade o impacto da tecnologia no bolso e no ambiente. O desafio que precisa ser enfrentado e superado não é trivial, pois o custo financeiro e ambiental do lixo digital e poluição eletrônica têm amplo espectro de abrangência.

As urgentes e fundamentais medidas de preservação ambiental e do bolso precisam estar presentes desde a origem do problema. O conceito das soluções, o desenvolvimento dos produtos e serviços de TI VERDE e o seu gerenciamento são três etapas que devem estar presentes para que exista alguma efetividade nos resultados. As lideranças precisam trabalhar em conjunto com comunidades para que o capital intelectual coletivo consiga desenvolver alternativas que enderecem os objetivos do negócio e atendam ao mesmo tempo as normas, regulamentações e melhores práticas ambientais (atuais e futuras). O sucesso da empreitada é a redução do impacto de TIC na natureza e bolso.

Esta obra objetiva apresentar os principais desafios da TI Verde no Brasil e abordar de forma holística e sistemática a questão da gestão das oportunidades, ameaças, forças e fraquezas da tecnologia para endereçar equilibradamente (i) as metas e objetivos estratégicos, (ii) o enriquecimento da cadeia de valor entendida dos negócios e (iii) a preservação do meio-ambiente.

Capítulo 1
Nascimento da Ti Verde no Brasil

Ideologia Central

1. O conceito genérico de obsolescência é ainda vago, pois a função utilidade dos produtos digitais é diferente de usuário para usuário. Existem os que entendem que o mercado dita a evolução do uso dos diversos hardwares em função da lei de Moore, mas eu entendo e sou acompanhado por muitos que a criação do lixo tecnológico está fortemente ligada com a necessidade de uso. Enquanto existir relação vantajosa de custo-benefício da tecnologia, ela estará em uso independente do estado da arte dos novos produtos digitais.

2. O conceito genérico de obsolescência é ainda vago, pois a função utilidade dos produtos digitais é diferente de usuário para usuário. Existem os que entendem que o mercado dita a evolução do uso dos diversos hardwares em função da busca da lei de Moore, mas eu entendo e sou acompanhado por muitos que a criação do lixo tecnológico está fortemente ligada com a necessidade de uso. Enquanto existir relação vantajosa de custo-benefício da tecnologia, ela estará em uso independente do estado da arte dos novos produtos digitais.

3. O Gartner apresentou em 2007 um trabalho (Emerging Trends) mostrando que indústria de TIC já responde por 2% de todas as emissões de Carbono (CO_2) no mundo. Deve ser entendido como componente da indústria de TIC o uso de computadores, impressoras, comunicação e refrigeração. À primeira vista, o número parece ser pequeno, mas é um resultado bastante preocupante pela velocidade de crescimento, capilaridade e baixa participação relativa de TIC no total de todas as atividades humanas.

O robusto e permanente crescimento do uso TIC como infraestrutura de todas as atividades, em conjunto com o elevado nível do indicador consumo dos produtos digitais em função dos programas nacionais de inclusão digital (a Medida Provisória n° 2522, MP do bem, zerou as alíquotas dos impostos sobre a receita bruta da venda de computadores, teclados, monitores e mouses), abriu a caixa de pandora das conversas sobre o relacionamento de custo e benefício entre TIC e meio ambiente. De certa forma, é possível afirmar que este momento histórico do ano de 2007 pode ser considerado o marco inicial do "bolso agradece e a natureza também" no território nacional.

Embora o Brasil ainda esteja em fase de amadurecimento dos processos de desenvolvimento de tecnologia, diversos segmentos da nossa economia precisam manter o seu elevado nível de competitividade, por isto algumas empresas assumem papel ousado e até inovador no consumo e uso das tecnologias.

Não é surpresa alguma a constatação da PNIPTI, de que uma parte significativa do consumo de novas tecnologias está nas mãos dos novos entrantes, que precisam inovar e muitas vezes revolucionar para cavoucar um espaço para conquistar o seu mercado-alvo. A pesquisa de 2010 também mostrou que as centenas de milhares de microempresas estão em um momento de crescente informatização. Os números obtidos na PNIPTI mostraram que a questão das perdas, ineficiências e desperdícios do consumo de energia de TIC no Brasil atingiu um patamar de semáforo amarelo caminhando rapidamente para o vermelho.

Em 2007, a densidade média de celulares para cada grupo de 100 habitantes no Brasil alcançou o incrível valor de 63,69. Centenas de milhões de reais e KWH estão indo para o lixo em função de facilidades que simplesmente não são usadas ou em informações inúteis. Se o cenário não é dos mais positivos em termos de bolso e natureza, a coisa fica muito pior quando olhamos a expectativa de crescimento da demanda de produtos digitais. A grande maioria dos indicadores está sinalizando crescimento das compras em patamar acima de 150% ao ano.

O cenário atual e futuro apresentado pela segunda PNIPTI e pelo trabalho do IDC mostra que nitidamente existem duas grandes oportunidades que precisam ser convenientemente exploradas pela sociedade. O desafio de curto prazo está relacionado com a governança da TI VERDE para aumentar a efetividade do consumo de energia dos equipamentos digitais, economizando muito dinheiro, energia elétrica e natureza. O segundo desafio apresentado é de médio prazo em função da necessidade de existir ambientes corretamente preparados para suportar o descarte da tecnologia que virou obsoleta.

Devemos ter como expectativa realista um ciclo de cinco anos para a vida das tecnologias. Os ambientes de descarte precisam prever e incentivar os projetos de reutilização. Transformação em bijuterias de teclados, chips, mouses e etc. já é uma realidade nacional, mas precisa ganhar escala. O artigo *Lixo eletrônico é material para artista criadora das tecnojóias*, publicado no jornal Folha de São Paulo de 20 de agosto de 2008, ilustra bem o comportamento deste aspecto da nova TI.

Uma inteira cadeia produtiva pode ser criada com base em matéria-prima de custo muito próximo a zero. Regiões carentes podem virar vigorosos polos de empregos de primeiro nível se o ambiente de descarte for adequadamente planejado. O local do descarte deve ser visto como algo muito maior que um mero lixão ou aterro sanitário, pois muitos objetivos do programa nacional de inclusão social podem ser avançados pela reciclagem tecnológica.

Os netbooks são exemplos concretos do que um pouco de imaginação e capital intelectual pode fazer pela universalização digital da sociedade. O reaproveitamento de componentes tecnológicos obsoletos ou muito próximos do final de vida tornou possível a criação de toda uma nova geração de computadores com preços extremamente competitivos. Muitos cidadãos que não tinham poder econômico para compra de um computador passaram a fazer parte do mundo digital pelo baixo preço e alta funcionalidade. Celulares, computadores, PDAS, softwares, sistemas operacionais, impressoras, cartuchos e etc. descartados pelos usuários mais intensos de tecnologia podem virar produtos de inclusão digital para milhões de excluídos. Basicamente, inexiste de forma estruturada e organizada no Brasil o mercado de softwares usados para computadores e jogos.

Com imaginação e pequena engenharia é possível transformar o problema e custo do e-waste em empregos, oportunidades e inclusão. Os e-aterros devem também contemplar adequadamente a questão da recuperação dos preciosos metais presentes nos produtos digitais. Muito ouro, metais preciosos, plástico, energia e etc. pode ser recuperado dos produtos descartados gerando enorme valor para a comunidade. A correta percepção do valor dos e-aterros vai fazer que eles sejam fortemente disputados por diversas comunidades e cidades.

O conceito cadeia de valor estendida foi introduzido pelo Michael Porter no livro *Competitive Advantage: Creating and Sustaining Superior Performance,* publicado em 1985, e deve ser entendido como o conjunto completo das atividades executadas pelas organizações desde o relacionamento com os fornecedores, passando pelas etapas de produção e vendas e fechando com as ações de distribuição e entrega.

O conceito genérico de obsolescência é ainda vago, pois a função utilidade dos produtos digitais é diferente de usuário para usuário. Existem os que entendem que o mercado dita a evolução do uso dos diversos hardwares em função da lei de Moore, mas eu entendo e sou acompanhado por muitos que a criação do lixo tecnológico está fortemente ligada com a necessidade de uso. Enquanto existir relação vantajosa de custo-benefício da tecnologia, ela estará em uso independente do estado da arte dos novos produtos digitais.

Isto significa, em outras palavras, que a velocidade de criação do e-waste já atingiu o seu ápice e a partir de agora vamos trabalhar em ciclos de aproximadamente cinco anos. O tempo em que era vantajoso comprar um computador novo para trocar um computador em condições de uso pelas novas facilidades e maior velocidade já passou. É perfeitamente possível usar um computador modelo 2007 com elevada produtividade em 2010.

O poder de fogo dos equipamentos da segunda metade desta década é tão grande que podemos afirmar que o desafio cada vez maior com relação ao espaço de e-aterro pela criação de lixo eletrônico por obsolescência da primeira metade da década está domado e em situação completamente diferente. A comprovação prática deste fato é o sucesso de vendas e uso dos netbooks que são equipamentos (por característica de construção) duas gerações atrasados em relação ao estado da arte.

Os portais, *sites* e *blogs* com foco na conscientização dos problemas do lixo eletrônico reforçam a nossa percepção de estabilidade da velocidade de criação de e-waste por obsolescência, mas enfatizam que estamos diante de uma conquista de pequeno porte e ainda existem muitos desafios para serem superados. Todos concordam que a tecnologia não deve ser vista como inimiga do meio ambiente e do lucro, mas é preciso manter o foco na governança de alto nível, pois muito pode ser feito para salvar o bolso e a natureza.

O Gartner apresentou em 2007 um trabalho (Emerging Trends) mostrando que indústria de TIC já responde por 2% de todas as emissões de Carbono (CO_2) no mundo. Deve ser entendido como componente da indústria de TIC, o uso de computadores, impressoras, comunicação e refrigeração. À primeira vista, o número parece ser pequeno, mas é um resultado bastante preocupante pela velocidade de crescimento, capilaridade e baixa participação relativa de TIC no total de todas as atividades humanas.

O problema é muito grave, pois a poluição da tecnologia não está restrita à emissão de carbono. Existem, também, o problema dos resíduos sólidos e a necessidade de uso de substâncias poluentes e água. A produção de um único computador demanda o consumo de mais de uma centena de materiais diferentes.

No entanto, a outra face desta moeda não pode e nem deve ser ignorada. A mesma tecnologia que polui tem também o beneficio de contribuir e gerar ferramentas sustentáveis. Certamente, o nível atual da consciência ambiental e de sustentabilidade seria muito menor, caso não existisse o poder de penetração, capilaridade, acessibilidade e liberdade das redes sociais e comunidades de relacionamento.

No passado recente, alguns pensavam que o desenvolvimento econômico era inimigo do meio ambiente. Militantes e ativistas ambientais eram vistos como lunáticos e fanáticos defensores do atraso, que o único jeito de progredir era agredir a natureza. A era do conhecimento vem demonstrando a falsidade dessas crenças. Hoje em dia é claro para todos que negócios não sustentáveis geram apenas poluição e prejuízos financeiros. Por exemplo, o custo de recuperação de um rio poluído é muito maior que o benefício econômico gerado durante a sua poluição. Como água é fundamental para a vida, sempre teremos que pagar pela limpeza do rio. Na natureza em definitivo não existe almoço de graça.

É fato real e concreto que militantes e ativistas ambientais informam e discutem as questões ambientais com toda a comunidade graças às facilidades proporcionadas pelos meios digitais. Erros ambientais do passado e de terceiros podem ser facilmente evitados pela capacidade de debate da rede social digital. Logo, as novas ferramentas habilitadas por TIC devem ser vistas como a fronteira de uma dimensão para a batalha ambiental e financeira.

Em geral a maior parte dos problemas ambientais enfrentados pelas empresas, cidades e sociedade tem solução ou prevenção simples, madura e estável. A superação da barreira do conhecimento das alternativas pelo grande público é sem sombra de duvida um enorme benefício que as ferramentas de distribuição e entrega de conteúdo de TIC oferecem ao nosso meio ambiente e bolso. É evidente que a tecnologia impacta fortemente o ambiente, mas também é bastante claro que neste momento de transformação ela é um fator catalisador de proteção. Portanto, de uma forma ou de outra os benefícios da tecnologia têm a clara capacidade de minimizar os malefícios que ela gera.

Em outras palavras, a real questão em relação à TIC é o encontro do ponto de equilíbrio entre a sustentabilidade dinâmica do negócio e a tecnologia. A solução dessa equação passa pela questão do desenvolvimento da GOVERNANÇA DE TI VERDE, que deve endereçar as nossas necessidades de curto prazo sem comprometer a nossa (e das gerações futuras) capacidade de atendimento das necessidades de médio e de longo prazo.

Diversas novidades mostram e comprovam a falsidade da jurássica tese dos cabeças de TD (Tecnologia de dados), de que a tecnologia é inimiga do meio ambiente. Soluções que eliminam a necessidade do uso de elementos poluentes como o chumbo, zinco e etc., simplificação da execução de processos produtivos, otimização do uso de ácidos nas fábricas, redução da necessidade de água em diversas indústrias e reciclagem inteligente são exemplos corporativos do bordão: A natureza agradece e o bolso também.

No fronte cidadania, existem alternativas que vão desde o consumo de produtos menos impactantes ao ambiente, passam pelo compartilhamento de recursos poluentes como as soluções de facilidade para caronas, virtualização de presença, bancarização e compras pela INTERNET e chegam à reciclagem, por meio da transformação do lixo tecnológico (produção de móveis, utensílios, bijuterias, arte, decoração etc., tendo como base no descarte de computadores, celulares, rádios, televisões entre outros produtos digitais).

Na Europa, já é realidade a tecnologia Carbon Capture and Storage (CCS), para a captura e armazenamento do CO_2 em depósitos subterrâneos que consegue ao mesmo tempo gerar lucro e preservar a natureza. Em pouco tempo, teremos soluções similares em muitos lugares mostrando que sempre é possível faturar e sustentar. A real odisseia da governança de TI Verde está apenas começando. A cada minuto, temos o aparecimento de um novo exemplo de tecnologia e postura corporativa sustentável e lucrativa.

Capítulo 2
Perda Verde

Ideologia Central:

1. Como será que uma única aplicação de suporte e apoio de um importante serviço público consegue oferecer ao mesmo tempo quatro exemplos concretos de perda e desperdício de recursos e dinheiro?

2. A perda verde ocorreu pela necessidade de completa reversão da fraude e da entrega do acesso à conta do portal para o real dono do CPF.

3. A resposta por email da central foi o envio de um caminho para chegar ao campo ano. A central de serviços simplesmente ignorou a informação dada pelo usuário, de que o campo ano não permite edição, e mostrou profunda soberba e desconhecimento.

4. Os serviços do portal são de enorme valia e importância para os brasileiros e brasileiras e têm gigantesco potencial de ganhos de escala e redução do custo unitário das transações. No entanto, é preciso escolher melhores estratégias para a aplicação. Afirmar que é realizado um determinado processo e inexistir paralelo real da sua realização mostra ausência de Controle, Transparência e Previsibilidade (CTP sempre CTP). O lucro da nova TI exige a presença de cptmaníacos. A falta de CPT tem como consequência a perda de credibilidade, elevação de gastos monetários e extrapolação do consumo de energia. É a chamada perda verde.

Como será que uma única aplicação de suporte e apoio de um importante serviço público consegue oferecer ao mesmo tempo quatro exemplos concretos de perda e desperdício de recursos e dinheiro?

A luta contra o terror verde é basicamente o enfrentamento orquestrado, organizado e inteligente da tradicional dupla opositora da melhoria contínua e lucro monetário, social e ambiental. A dupla dinâmica do terror verde (produção indesejada de calor inútil e uso inadequado de recursos) é a principal fonte da perda do dinheiro bom e suado. O resultado prático deste mal pode ser resumido em poucas palavras. O bolso não agradece. A natureza também não.

O portal nota fiscal paulista é um dos bons exemplos da força da presença da perda verde em Tecnologia de Informações e das enormes oportunidades disponíveis de melhorias e negócios.

CAPÍTULO 2 – PERDA VERDE

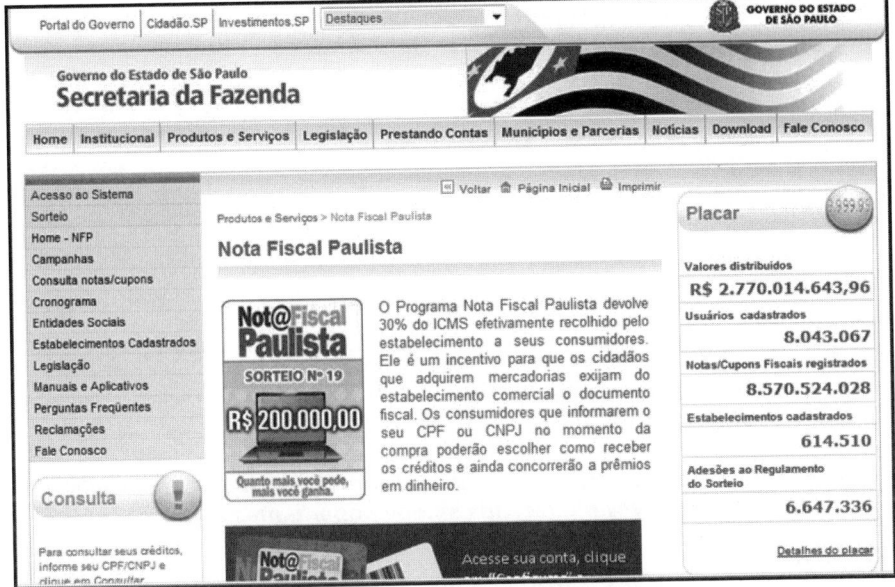

*Portal Nota fiscal Paulista, acessado em 30/06/2010
(http://www.nfp.fazenda.sp.gov.br/)*

As instruções do primeiro acesso ao portal informam que os dados preenchidos serão confrontados com as informações disponíveis no banco de dados da receita federal para validar a conta do usuário e permitir o acesso do contribuinte ao sistema com segurança e sem a possibilidade de fraudes.

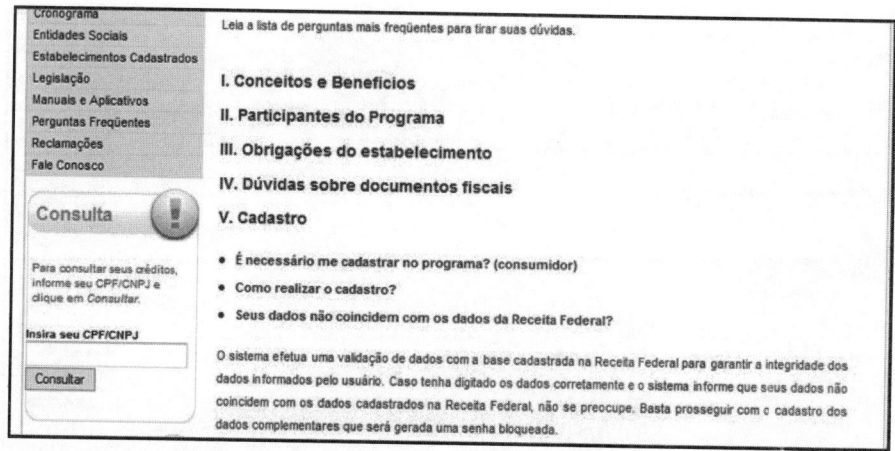

Tela "Perguntas mais frequentes do cadastro", acessado em 30/06/2010
(http://www.nfp.fazenda.sp.gov.br/perguntas.shtm)

Basicamente, o cadastro é simples, objetivo e baseado no CPF e em algumas informações pessoais não públicas do contribuinte. As facilidades do portal são muito semelhantes às tradicionais aplicações digitais de consulta e movimentação de conta bancária na INTERNET. O usuário consegue conferir os seus comprovantes fiscais, verificar o saldo do crédito do imposto e movimentar valores para a sua conta bancária pessoal ou de terceiros.

O primeiro exemplo da perda verde do excelente portal está relacionado com a questão segurança digital. Foi possível encontrar um caso em que um terceiro com acesso apenas ao número do CPF do contribuinte conseguiu cadastrar um usuário sem a autorização e conhecimento do titular.

Isto ocorreu porque a prometida e importante validação das informações do cadastro contra a base de dados da receita federal simplesmente não ocorreu. O sistema aceitou diversas informações não verídicas e passou a permitir um acesso não autorizado e desconhecido pelo real dono do CPF. Esta permissão fraudulenta gerou uma perda monetária mínima para o titular, devido ao excelente sistema de controle das movimentações dos créditos, mas infelizmente gerou uma enorme agressão à natureza e ao bolso do governo estadual.

Muita energia elétrica foi gasta para gerar um acesso inútil e muito dinheiro foi consumido no desenvolvimento e operação da facilidade (fracassada) de confrontação do cadastro digitado contra a base de dados da receita federal. A vulnerabilidade de uma facilidade crítica para o negócio impactou sobremaneira a efetividade da operação pública, pois o resultado final obtido foi uma informação absolutamente inútil (falso-positiva) com gasto de dinheiro e energia.

A perda verde ocorreu pela necessidade de completa reversão da fraude e entrega do acesso à conta do portal para o real dono do CPF. A correção da conta exigiu (corretamente) processamento manual e humano de: (i) envio de documentos pelo dono do CPF e (ii) avaliação e adequação do acesso pela secretaria da fazenda do governo estadual de São Paulo. A entrega final do acesso ao real dono foi feita por envio de email para o contribuinte.

> Esse e-mail foi enviado em atendimento à sua solicitação de cadastramento de senha.
>
> Informamos que o seu acesso ao sistema da Nota Fiscal Paulista foi confirmado. Para acessá-lo agora, clique aqui.
>
> A Frase de Segurança escolhida por você para garantir a autenticidade deste e-mail foi:
>
> Atenciosamente
> Secretaria da Fazenda do Estado de São Paulo
> www.nfp.fazenda.sp.gov.br
> Atendimento Telefônico: 0800-170110

Mensagem liberando acesso para o real dono do CPF (07/05/2010)

Quando todos os custos extraordinários (financeiros e ambientais) gerados pelo retrabalho para correção do acesso ao portal em termos de processamento, processos papel, cartório, armazenagem controlada, gerenciada e monitorada dos documentos, correio e etc. de todos os casos são somados, o desperdício encontrado representa uma parte importante do PIB estadual. A natureza e o Bolso não agradecem.

O segundo exemplo da perda verde vem do capital intelectual da central de atendimento. Após ter sido cumprido com sucesso o rito de recuperação da senha do usuário vítima da fraude digital, o real dono do CPF recebeu mensagem informando que o acesso a sua conta estava liberado. Ao fazer o acesso foi solicitado o preenchimento de algumas informações pessoais, entre elas, o ano de nascimento.

O usuário errou na digitação do ano e o sistema aceitou e gravou a informação errada. Como o campo ano não permitia edição e correção do erro, o usuário enviou uma mensagem para a central de atendimento informando o ocorrido e solicitando procedimento para corrigir a informação digitada erradamente. A seguir, temos uma cópia da resposta da central com o procedimento para correção do campo ano de nascimento.

```
Prezado (a)
Acesse o Portal da Nota Fiscal Paulista utilizando o CPF e a senha do consumidor.
Em seguida, selecione a opção "Configurar" > "Perfil do Consumidor".
Nesta tela, corrija ou inclua o(s) dado(s) necessário(s) e, na sequência, dê um clique no botão "Alterar Dados".

Agradecemos seu contato no "Fale Conosco" da Secretaria da Fazenda.
Sua opinião é muito importante para nós. Por gentileza, clique no link abaixo e opine sobre este e-mail:
Pesquisa de Satisfação

Atenciosamente,
Secretaria da Fazenda do Estado de São Paulo

Mensagem Original:
Data nascimento errada
O ano do nascimento que aparece no perfil está marcado errado. O campo não permite alteração. Existe meio como fazer a correção ?
NÃO RESPONDA ESTE E-MAIL. Para fazer uma nova pergunta, clique aqui.
```

Resposta em 20/05/2010 da central de atendimento sobre o problema do ano de nascimento digitado errado

A resposta por email da central foi o envio de um caminho para chegar ao campo ano. A central de serviços simplesmente ignorou a informação dada pelo usuário, de que o campo ano não permite edição e mostrou profunda soberba e desconhecimento.

A questão da soberba vem do fato de que bastava ao atendente ler o email original com atenção e testar a edição do campo ano para perceber que estava ocorrendo um problema grave, pois a questão erro de digitação é algo comum e muitos chamados inúteis poderiam ser gerados pela falta de confirmação no ato da digitação ou pela impossibilidade de edição posterior. Se for considerado que este campo estava previsto para ser validado via facilidade de comunicação com o banco de dados da receita federal, é óbvio que o chamado mostrava a existência de um problema de grande monta que deveria ser tratado como tal em função do custo e vulnerabilidade potencial.

A questão de desconhecimento vem do fato de que o atendente tem que conhecer o sistema do ponto de vista do usuário e saber que o campo não permite edição. Enviar um email com o caminho para a edição do campo ano de nascimento na situação em que o sistema não permite a sua edição é simplesmente enviar uma informação inútil.

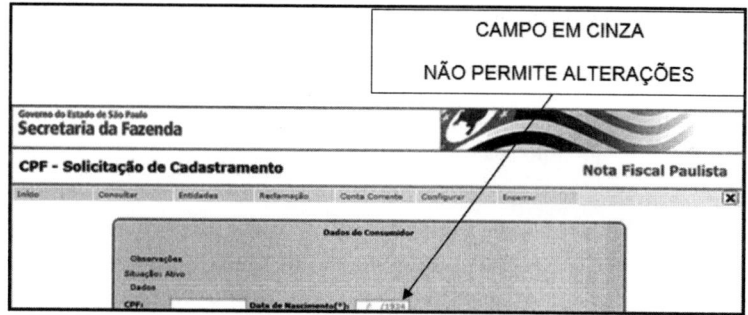

Tela "Dados do Consumidor", acessado em 01/07/2010 (https://www.nfp.fazenda.sp.gov.br/CadastroCAT/EfetivacaoCadastroCPF2.aspx)

Basicamente, estamos diante de um caso em que a falta de capital intelectual da central gerou uma informação absolutamente inútil, que em nada resolve o problema reportado pelo usuário, gerando apenas e tão somente insatisfação e novo chamado. O desperdício de dinheiro e energia deste caso particular não deve ser visto como único, pois estamos falando de uma atividade e ação simples e comum. É fácil perceber que a perda provocada pela ineficiência do capital intelectual da central de serviços representa um desperdício de no mínimo 0,5% do PIB do estado de São Paulo. O número percentual pode parecer pequeno, mas quando ele é convertido para valor absoluto em reais fica claro e evidente que estamos falando de uma enorme montanha de dinheiro.

Quando o volume de investimento necessário para resolver a questão do desconhecimento é avaliado, a perda salta aos olhos. De forma simplista, podemos afirmar que alguns poucos milhares de reais poderiam economizar centenas de milhões. Este é um caso em que a frase "O bolso não agradece. A natureza também não." ecoa por todos os lados.

O terceiro exemplo da perda verde do portal vem da opção estratégica de configurar o campo ano de aniversário do contribuinte como entrada única, sem confirmação e possibilidade de edição posterior.

Assumindo como verdadeira a regra de negócio em que as informações digitadas pelo usuário durante o cadastro são confrontadas com a base de informações da receita federal, a impossibilidade de correção do campo após a primeira entrada de dados não representa um nível de segurança adicional, pois informações erradas em relação ao cadastrado na receita federal deveriam simplesmente impedir a finalização do processo de criação da conta.

Para evitar a questão de ação fraudulenta via força bruta é aceitável permitir até duas tentativas de correção do cadastro e neste caso congelar o acesso do CPF por uma semana informando ao contribuinte que ele precisa verificar os seus dados cadastrados na receita federal, Caso existam erros, ele deve realizar as tratativas para atualizar as informações junto ao órgão do governo federal.

Em outras palavras, informações não compatíveis precisam impedir o avanço do processo de criação da conta, e a limitação do número de correções evita o surgimento de vulnerabilidades de segurança. A mera inclusão de uma tela intermediária para confirmação das informações evitaria a abertura de diversos chamados como este. Em resumo, a possibilidade de edição do campo data de nascimento do cadastro do usuário evita a abertura de chamados desnecessários e troca de mensagens inúteis. Muita dor de cabeça seria evitada, milhares de MWH seriam economizados e uma importante parte do PIB do estado não seria perdida tolamente. As estimativas mostram que estamos falando de uma perda mínima de 1% do estado pela execução da estratégia equivocada. Em definitivo, a natureza não agradece e o bolso também.

O quarto exemplo da perda verde vem da falta de efetividade da facilidade de confrontação dos dados digitados com a base de informações da receita federal. Se a energia consumida por cada execução da facilidade for multiplicada pelos milhões de usuários cadastrados vamos ter como resultado final informações inúteis e uma importante parte do PIB do estado perdida. As estimativas mostram que a perda provocada pela facilidade fracassada de validação (em termos de dinheiro e energia elétrica) é de no mínimo 1% do PIB do estado de São Paulo (soma do custo total de processamento, armazenagem, comunicação, energia elétrica, depreciação, capex, impostos, custo do dinheiro etc.). Definitivamente, "O bolso não agradece. A natureza também não".

PERDA VERDE DO SETOR FINANCEIRO

Uma breve avaliação dos portais dos bancos Itaú, Santander, Real, Banco do Brasil, Caixa Econômica Federal, Bradesco, HSBC e Citibank

A presença dos bancos na INTERNET é sem sombra de dúvida um fato de enorme importância e relevância para todos nós. A crescente preocupação com a sustentabilidade dos negócios pelo setor é uma daquelas novidades que é capaz de tornar um bolo simples em uma obra de arte da gastronomia. O valor agregado pela pratica é enorme para a economia nacional. Créditos responsáveis para negócios sustentáveis, práticas internas de menor custo financeiro e impacto ambiental, campanhas publicitárias focando no nosso planeta e etc. são exemplos de como o segmento consegue de forma simultânea e equilibrada fazer o país andar para frente, incluir os eternos excluídos na economia formal e preservar os limitados recursos da natureza.

A pergunta que precisamos responder aqui é se existe uma abordagem holística para o estratagema de sustentabilidade do setor financeiro. Também é importante o entendimento do grau de alavancagem de algumas ações simples na direção da preservação do bolso do usuário dos serviços dos portais e no sentido de economia de energia e natureza. A tabela a seguir mostra o comportamento do consumo de energia elétrica em função da cor. De uma forma simplista, cores claras e luminosas consomem mais energia do que as cores escuras e menos luminosas.

Cor	Consumo em WATTS
Branco	74
Amarelo	69
Água	68
Prata	67
Azul	65
Vermelho	65
Lima	63
Cinza	62
Oliva	61
Púrpura	61
Verde	60
Castanho	60
Azul-marinho	60
Preto	59

Os portais dos bancos serão avaliados em relação ao equivalente de consumo da cor cinza, ou seja, 62 WATTS. Na pratica, isto significa o estabelecimento de uma referência de consumo que equivale na prática ao uso do Cinza, Oliva, Púrpura, Verde, Castanho, Azul marinho, Preto e outras cores similares.

CLASSIFICAÇÃO VERDE		
CLASSIFICAÇÃO	NÍVEL VERDE	COMENTÁRIO
PERDA VERDE	NÍVEL 4	Perda Elevadíssima
PERDA VERDE	NÍVEL 3	Perda Elevada
PERDA VERDE	NÍVEL 2	Prejuízo Grande
PERDA VERDE	NÍVEL 1	Prejuízo Pequeno
OURO VERDE	NÍVEL 4	Ganho Elevadíssimo
OURO VERDE	NÍVEL 3	Ganho Elevado
OURO VERDE	NÍVEL 2	Lucro Grande
OURO VERDE	NÍVEL 1	Lucro Pequeno

PORTAIS DE BANCOS

PORTAL	CLASSIFICAÇÃO	SIGLA E POSIÇÃO
http://www.citibank.com.br	Perda Verde Nível 3	CIT - 08
http://www.hsbc.com.br	Perda Verde Nível 3	HSBC - 07
http://www.bradesco.com.br	Perda Verde Nível 2	BRA - 04
http://www.caixa.gov.br	Ouro Verde Nível 1	CEF - 01
http://www.bb.com.br	Perda Verde Nível 3	BB -05
http://www.bancoreal.com.br	Perda Verde Nível 2	REA -03
http://www.santander.com.br	Perda Verde Nível 3	SAN - 06
http://www.itau.com.br/	Perda Verde Nível 2	ITA - 02

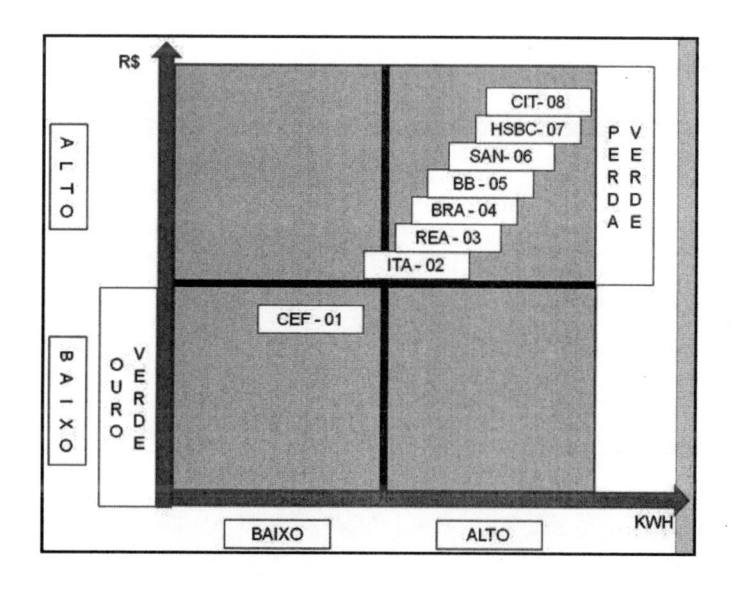

http://www.itau.com.br/
Banco Itaú - Feito Para Você

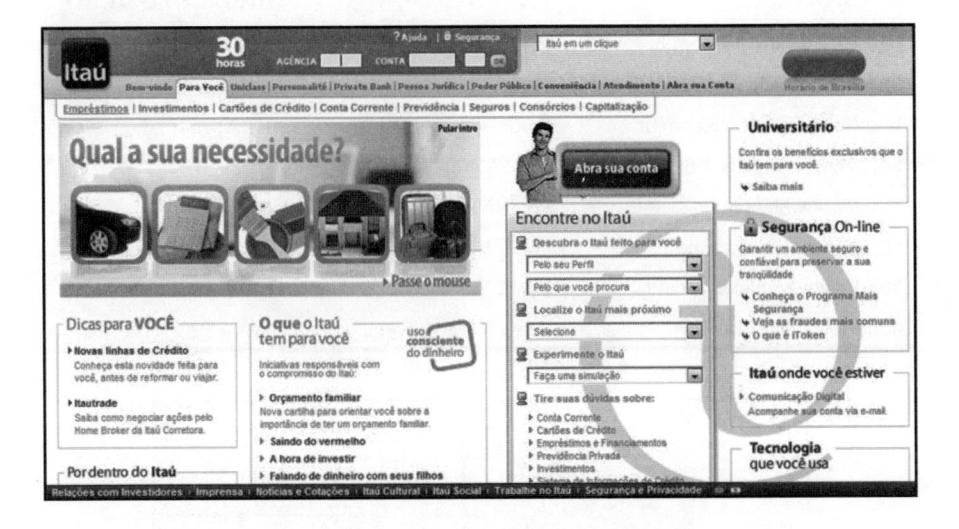

Acessado em 21 de Setembro de 2010

Cor predominante
Tons claros e cor branca

Classificação verde
Perda Verde Nível 2

CAPÍTULO 2 – PERDA VERDE

http://www.santander.com.br
Banco Santander (Brasil) S.A

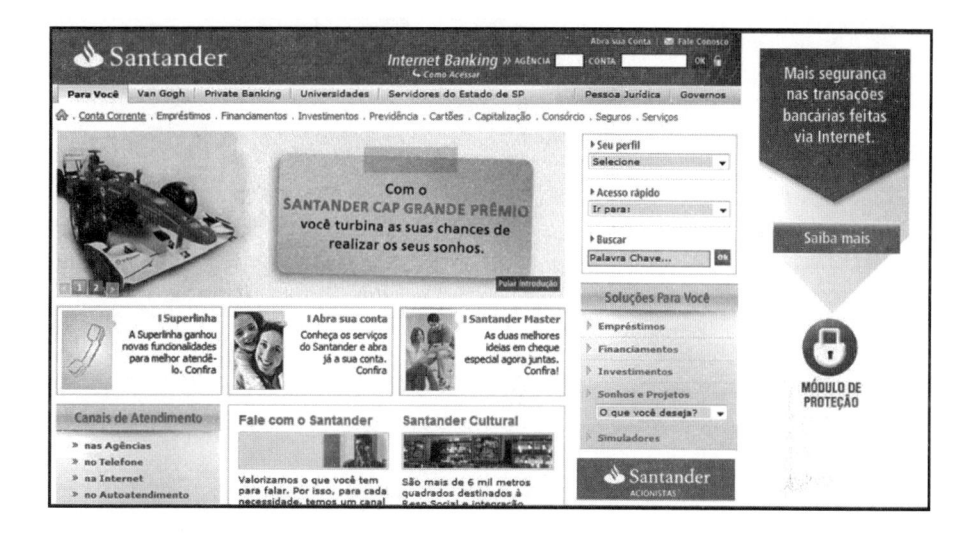

Acessado em 21 de Setembro de 2010

Cor predominante

Tons claros e cor branca

Classificação verde

Perda Verde Nível 3

http://www.bancoreal.com.br
Portal Banco Real

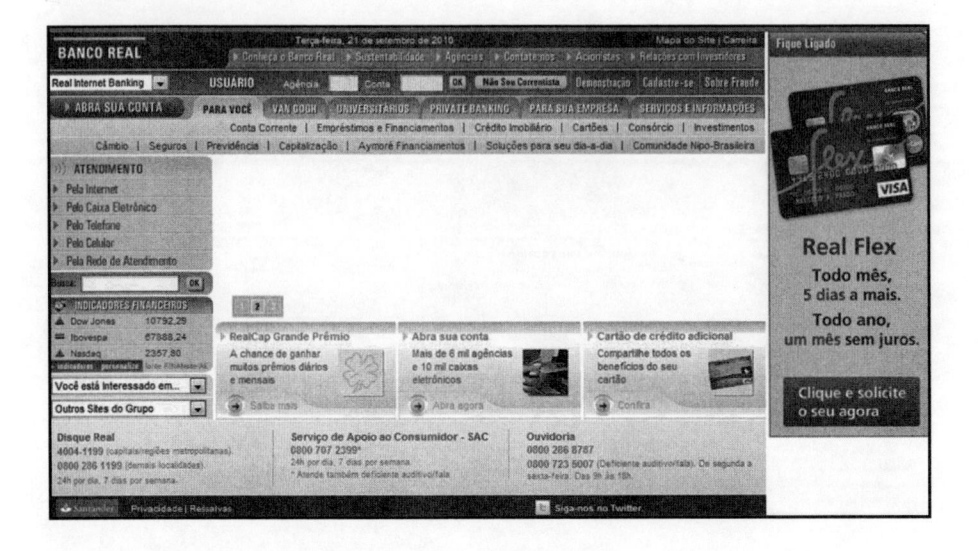

Acessado em 21 de Setembro de 2010

Cor predominante
Tons claros e cor verde

Classificação verde
Perda Verde Nível 2

CAPÍTULO 2 – PERDA VERDE   23

http://www.bb.com.br
[bb.com.br]

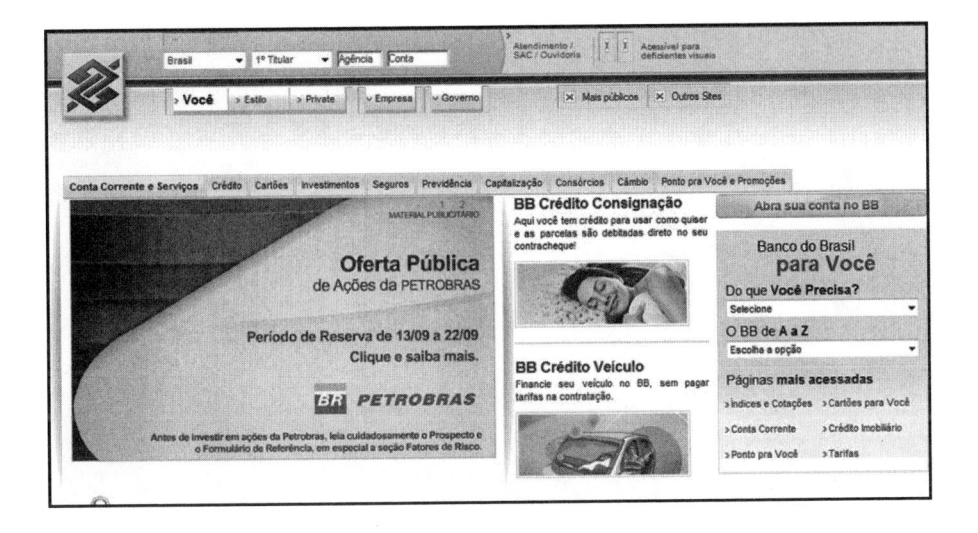

Acessado em 21 de Setembro de 2010

Cor predominante
Tons claros e cor branca

Classificação verde
Perda Verde Nível 3

http://www.caixa.gov.br
CAIXA - O banco que acredita nas pessoas

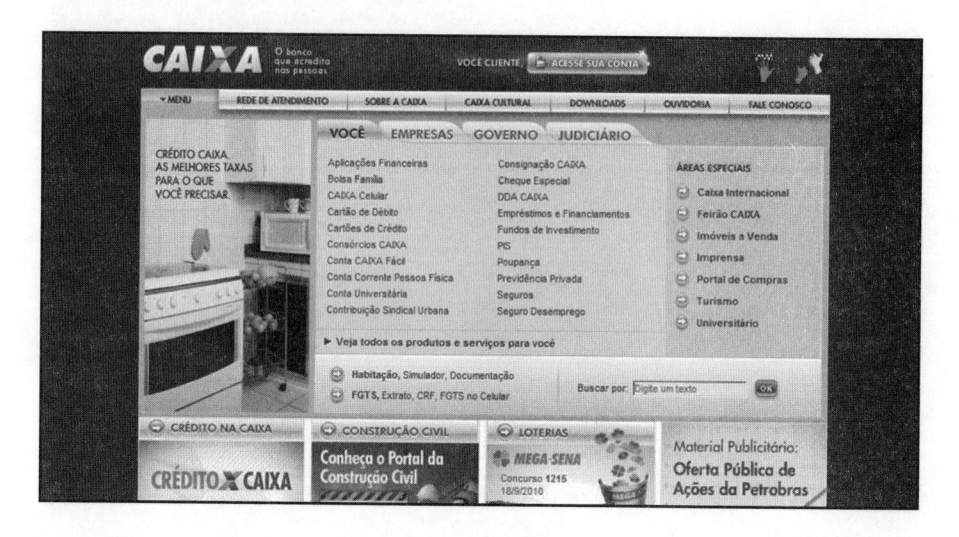

Acessado em 21 de Setembro de 2010

Cor predominante
Tons claros e cor azul

Classificação verde
Ouro Verde Nível 1

http://www.bradesco.com.br
Bradesco

Acessado em 21 de Setembro de 2010

Cor predominante
Tons claros e cor branca

Classificação verde
Perda Verde Nível 2

http://www.hsbc.com.br
HSBC Bank Brasil S.A. - Banco Múltiplo - No Brasil e no mundo, HSBC

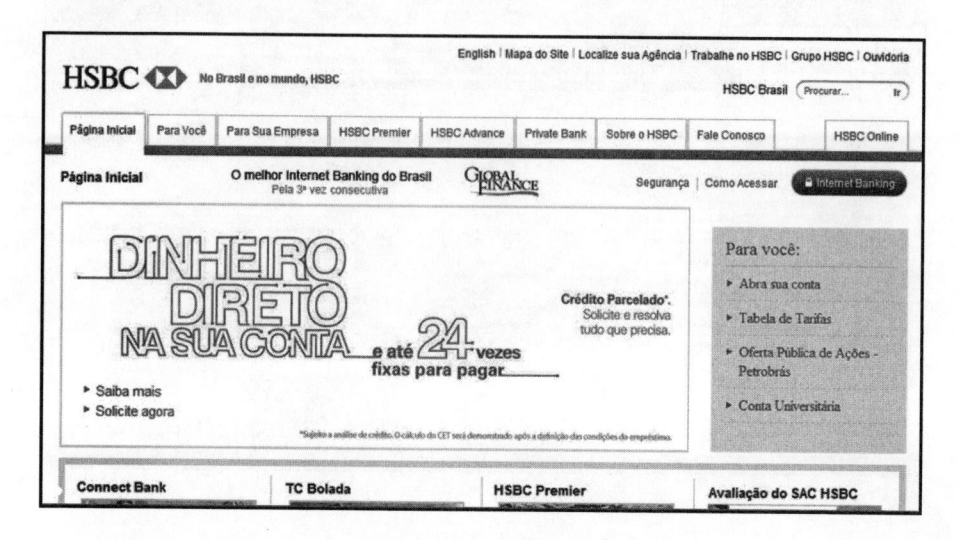

Acessado em 21 de Setembro de 2010

Cor predominante
Tons claros e cor branca

Classificação verde
Perda Verde Nível 3

http://www.citibank.com.br
Bem-vindo ao Citibank Brasil

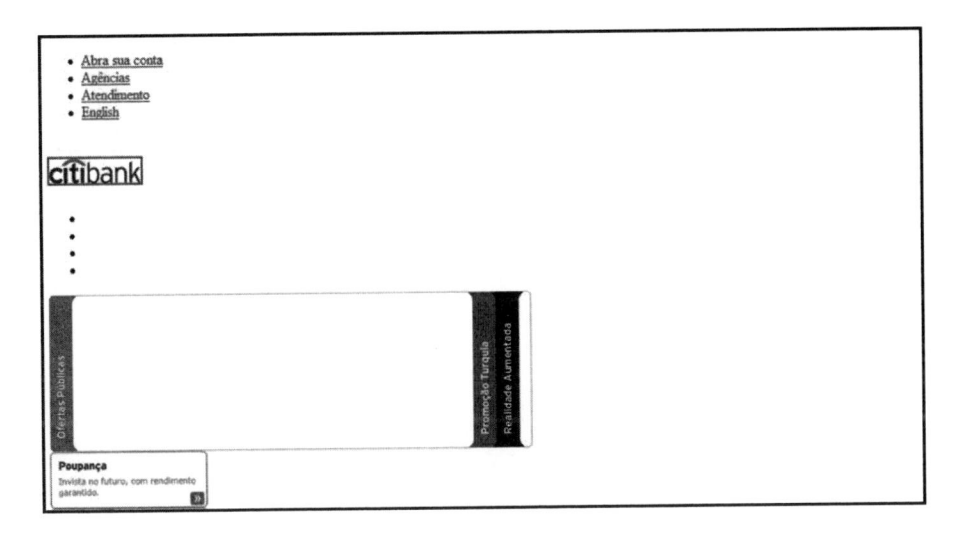

Acessado em 21 de Setembro de 2010

Cor predominante

Tons claros e cor branca

Classificação verde

Perda Verde Nível 3

PORTAIS DE NOTÍCIAS

PORTAL	CLASSIFICAÇÃO	SIGLA E POSIÇÃO
http://www.globo.com.br	Perda Verde Nível 1	GLO - 01
http://www.uol.com.br	Perda Verde Nível 2	UOL - 02
http://www.terra.com.br	Perda Verde Nível 3	TER - 03

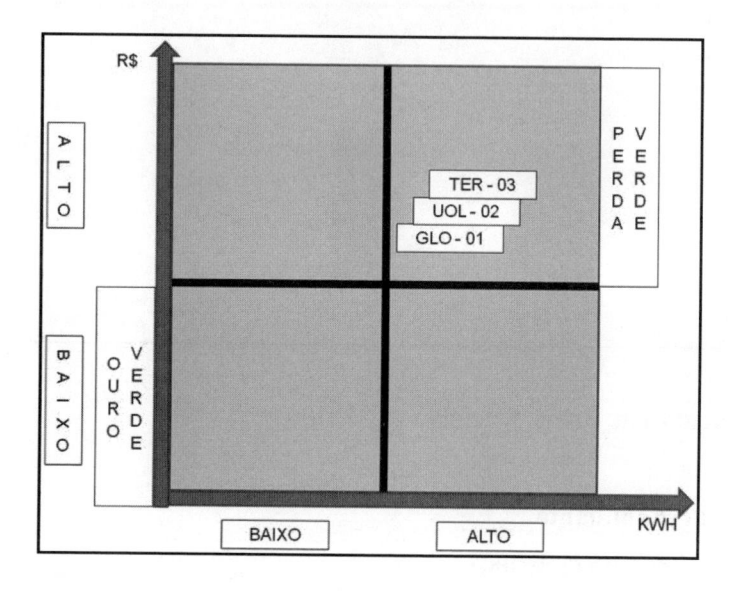

CAPÍTULO 2 – PERDA VERDE

http://www.globo.com.br
Globo.com - Absolutamente tudo sobre esportes, notícias, entretenimento e vídeos

Acessado em 21 de Setembro de 2010

Cor predominante
Tons claros e cor branca

Classificação verde
Perda Verde Nível 2

http://www.uol.com.br
UOL - O melhor conteúdo

Acessado em 21 de Setembro de 2010

Cor predominante
Tons claros e cor branca

Classificação verde
Perda Verde Nível 2

CAPÍTULO 2 – PERDA VERDE   31

http://www.terra.com.br
Terra - Notícias, vídeos, esportes, economia, diversão, música, moda, fotolog, blog, chat

Acessado em 21 de Setembro de 2010

Cor predominante
Tons claros

Classificação verde
Perda Verde Nível 2

PORTAIS DE TELECOMUNICAÇÕES

PORTAL	CLASSIFICAÇÃO	SIGLA E POSIÇÃO
http://www.embratel.com.br	Perda Verde Nível 2	EMB - 05
http://www.telefonica.com.br	Perda Verde Nível 1	TEL - 03
http://www.claro.com.br	Perda Verde Nível 2	CLA - 04
http://www.oi.com.br	Ouro Verde Nível 1	OI - 02
http://www.tim.com.br	Ouro Verde Nível 2	TIM - 01
http://www.vivo.com.br	Perda Verde Nível 3	VIV - 06

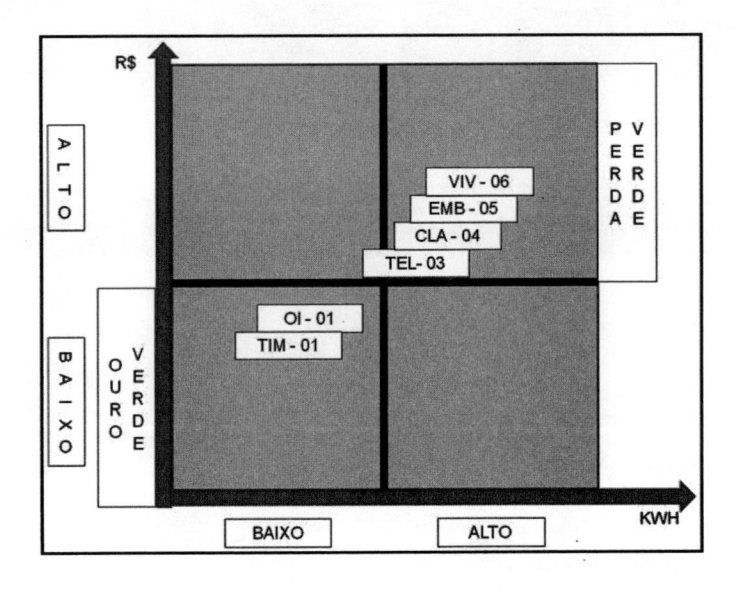

CAPÍTULO 2 – PERDA VERDE   33

http://www.embratel.com.br
EMBRATEL - Portal - Home

Acessado em 23 de Setembro de 2010

Cor predominante
Tons claros e cor branca

Classificação verde
Perda Verde Nível 2

http://www.telefonica.com.br
Telefônica - Home

Acessado em 23 de Setembro de 2010

Cor predominante
Tons claros e cor branca

Classificação verde
Perda Verde Nível 1

http://www.claro.com.br
Site da Claro - Claro. Escolha.

Acessado em 23 de Setembro de 2010

Cor predominante
Tons claros e cor branca

Classificação verde
Perda Verde Nível 2

http://www.oi.com.br
Oi

Acessado em 23 de Setembro de 2010

Cor predominante
Tons escuros e cor azul

Classificação verde
Ouro Verde Nível 1

CAPÍTULO 2 – PERDA VERDE   37

http://www.tim.com.br
Você, sem fronteiras|TIM

Acessado em 23 de Setembro de 2010

Cor predominante
Tons escuros e cor preta

Classificação verde
Ouro Verde Nível 2

http://www.vivo.com.br
Regional

Acessado em 23 de Setembro de 2010

Cor predominante
Tons claros e cor branca

Classificação verde
Perda Verde Nível 2

PORTAIS CORPORATIVOS

PORTAL	CLASSIFICAÇÃO	SIGLA E POSIÇÃO
http://www.petrobras.com.br	Perda Verde Nível 1	PET - 01
http://www.vale.com.br	Perda Verde Nível 1	VAL - 02
http://www.cargill.com.br	Perda Verde Nível 1	CAR - 03

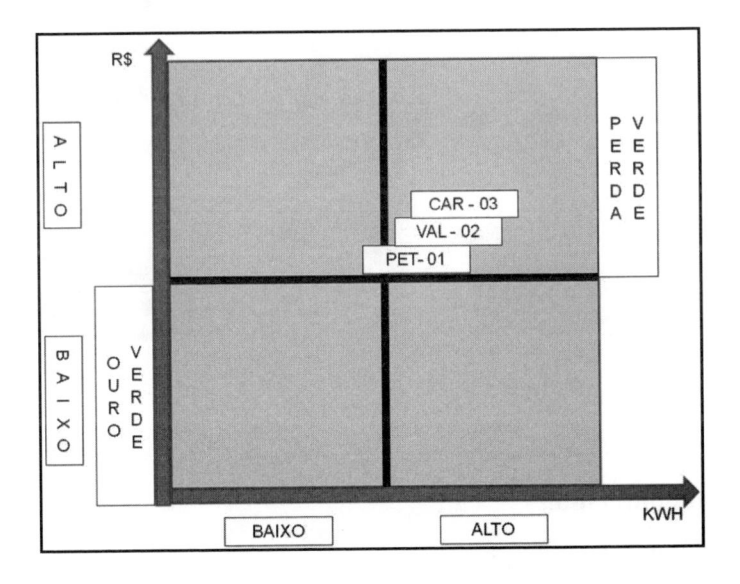

http://www.petrobras.com.br
Petrobras

Acessado em 23 de Setembro de 2010

Cor predominante
Tons claros e cor branca

Classificação verde
Perda Verde Nível 1

CAPÍTULO 2 – PERDA VERDE   41

http://www.vale.com.br
Vale - Início

Acessado em 23 de Setembro de 2010

Cor predominante
Tons claros e cor branca

Classificação verde
Perda Verde Nível 1

http://www.cargill.com.br
Cargill Brasil:Home

Acessado em 23 de Setembro de 2010

Cor predominante
Tons claros e cor branca

Classificação verde
Perda Verde Nível 1

PORTAIS CARTÕES DE CRÉDITO

PORTAL	CLASSIFICAÇÃO	SIGLA E POSIÇÃO
http://www.cielo.com.br	Perda Verde Nível 1	CIE -02
http://www.redecard.com.br	Perda Verde Nível 3	RED - 03
http://www.getnet.com.br	Perda Verde Nível 1	GET - 01

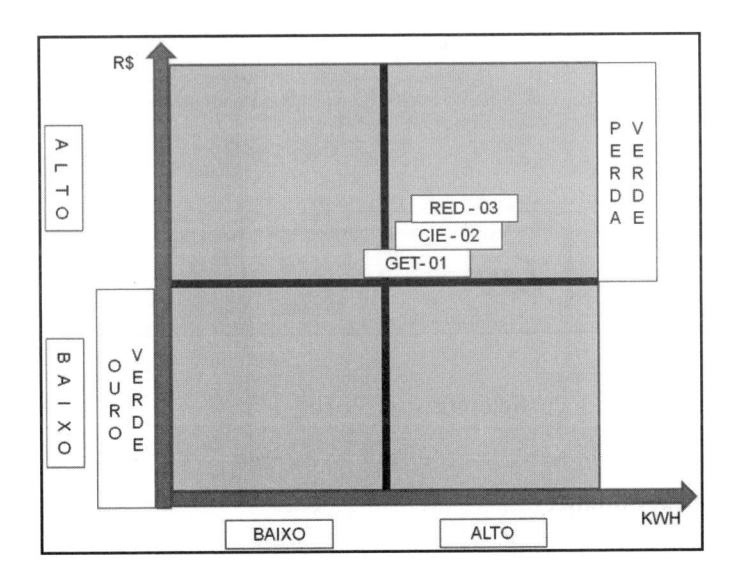

http://www.cielo.com.br
Cielo: Nada supera esta máquina| Cielo.com.br

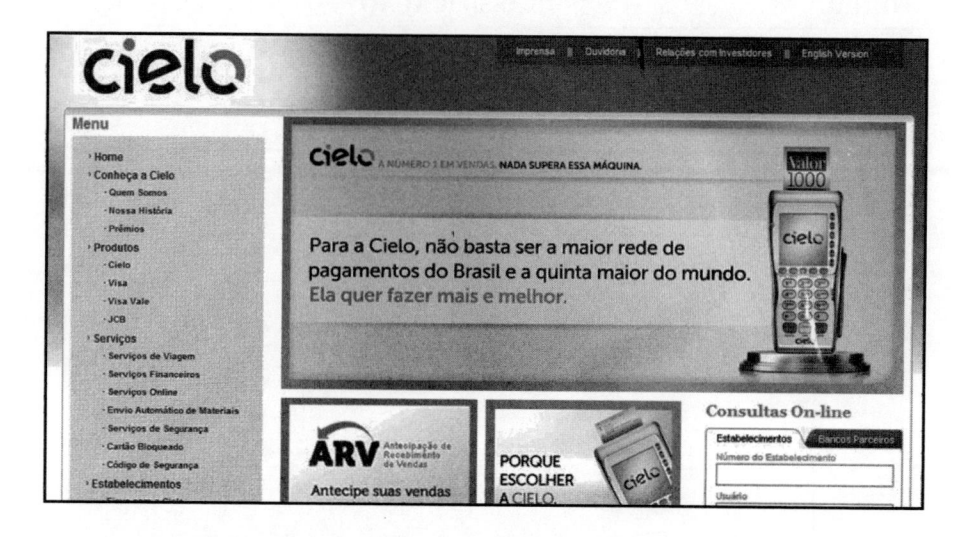

Acessado em 23 de Setembro de 2010

Cor predominante
Tons claros e cor azul

Classificação verde
Perda Verde Nível 1

http://www.redecard.com.br
Redecard. Amiga do lojista

Acessado em 23 de Setembro de 2010

Cor predominante

Tons claros e cor branca

Classificação verde

Perda Verde Nível 3

http://www.getnet.com.br
GetNet - A maquininha que faz tudo para você

Acessado em 23 de Setembro de 2010

Cor predominante
Tons claros e cor cinza

Classificação verde
Perda Verde Nível 1

CAPÍTULO 2 – PERDA VERDE   47

PORTAIS DE GOVERNO

PORTAL	CLASSIFICAÇÃO	SIGLA E POSIÇÃO
http://www.receita.fazenda.gov.br	Perda Verde Nível 1	RFZ -03
http://www.saopaulo.sp.gov.br	Perda Verde Nível 1	SPO - 02
http://www.capital.sp.gov.br	Ouro Verde Nível 1	CAP - 01

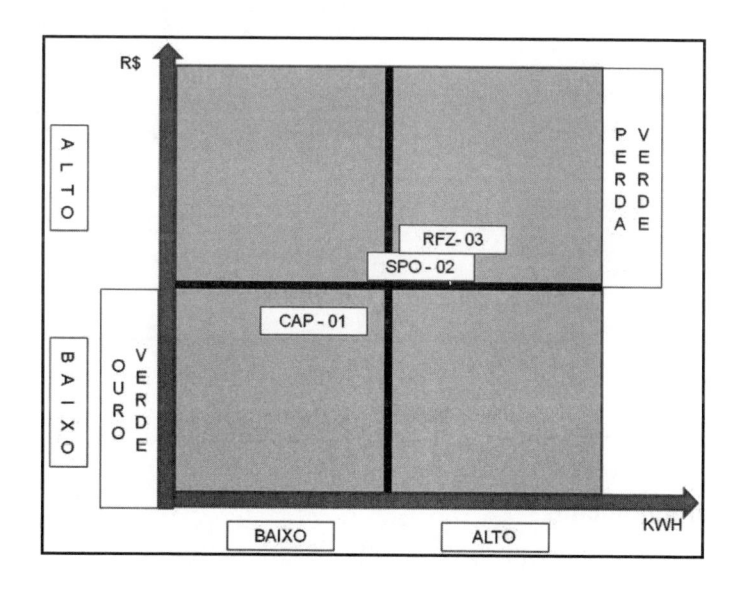

http://www.receita.fazenda.gov.br
Receita Federal do Brasil

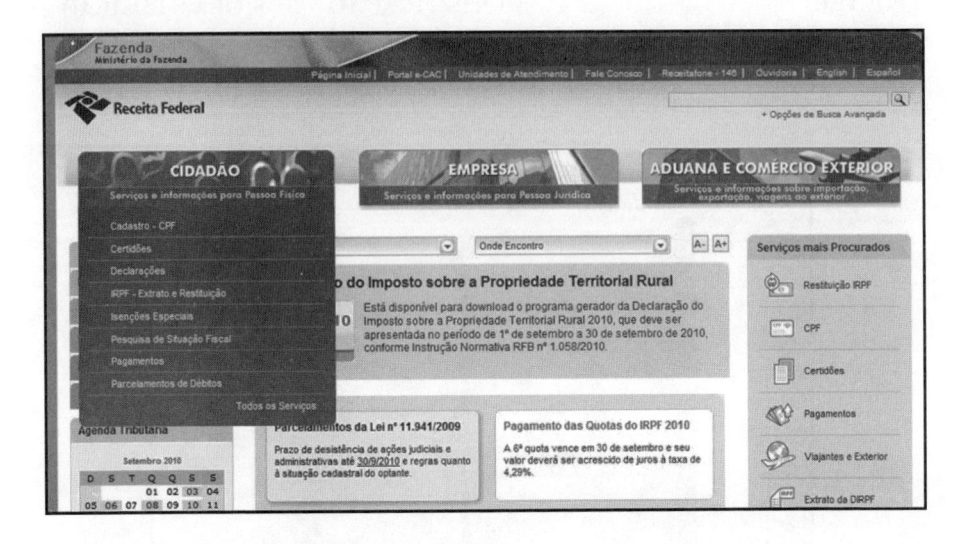

Acessado em 23 de Setembro de 2010

Cor predominante
Tons claros e cor azul

Classificação verde
Perda Verde Nível 1

CAPÍTULO 2 – PERDA VERDE   49

http://www.saopaulo.sp.gov.br
Portal do Governo do Estado de São Paulo

Acessado em 23 de Setembro de 2010

Cor predominante
Tons claros e cor branca

Classificação verde
Perda Verde Nível 1

http://www.capital.sp.gov.br
Portal da Prefeitura da Cidade de São Paulo

Acessado em 23 de Setembro de 2010

Cor predominante
Tons escuros e cor preta

Classificação verde
Ouro Verde Nível 1

CAIXA ELETRÔNICO

CAIXA ELETRÔNICO	COR PREDOMINANTE
Banco 24 Horas	Tons claros e cor branca
Banco Real	Tons claros e cor branca
Banco Santander	Tons claros e cor branca
Banco Itaú	Tons claros e cor branca
Caixa Econômica Federal	Tons escuros e cor azul escuro
Banco Bradesco	Tons claros e cor branca
Banco do Brasil	Tons claros e cor branca
Citibank	Tons escuros e cor azul escuro

CAIXA ELETRÔNICO	CLASSIFICAÇÃO	SIGLA E POSIÇÃO
Banco 24 Horas	Perda Verde Nível 3	24HO - 07
Banco Real	Perda Verde Nível 2	REA - 06
Banco Santander	Perda Verde Nível 2	SAN - 05
Banco Itaú	Perda Verde Nível 3	ITA - 08
Caixa Econômica Federal	Ouro Verde Nível 1	CEF - 01
Banco Bradesco	Perda Verde Nível 2	BRA - 04
Banco do Brasil	Perda Verde Nível 1	BB -03
Citibank	Ouro Verde Nível 1	CIT - 02

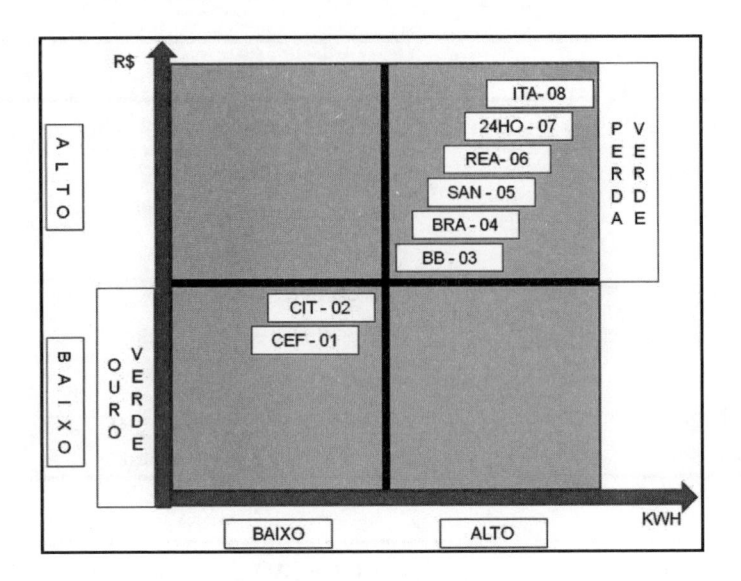

ATM ou Automated Teller Machine significa em português caixa automatizado, ou seja, é uma solução de tecnologia que está intimamente relacionada com depósito e saque da conta corrente do cliente. Por isto, é natural pensar que a maioria das transações nos caixas eletrônicos tenha como meta a entrega ou recepção de dinheiro.

Quando o cliente entra em local apropriado para operar uma transação via cartão eletrônico, ele raramente é informado se a função saque ou depósito está indisponível e inicia os procedimentos desejados é só no último momento é que ele descobre a não disponibilidade da facilidade. A solução mais comum do cliente neste tipo de situação é fazer tudo de novo no caixa do lado.

O problema verde deste retrabalho é que foram gastos importantes recursos de energia, computação e telecomunicações na primeira tentativa para absolutamente nada de resultado. Apenas no caixa ao lado é que o cliente conseguiu sucesso no seu desejo. Seria muito mais interessante que a facilidade indisponível estivesse desabilitada no terminal. Muito seria economizado com esta simples ação de inteligência do sistema.

Muito dinheiro e natureza são jogados no lixo em função ou da falta de uma ação simples de desabilitar as facilidades indisponíveis ou da adoção de rede integrada de caixas, em que um único cofre é comum, atendendo a todos os terminais do mesmo local físico.

A falta de sincronismo entre o cofre das facilidades de depósito em dinheiro e saque também é um problema verde, pois seria muito mais produtivo e barato (banco, cliente e natureza) disponibilizar o dinheiro dos depósitos realizados pelos clientes para os saques do que fazer constantes operações de "encher o tanque" do cofre de dinheiro da facilidade saque.

Basicamente, estamos falando de um modelo de logística em que um caminhão leva uma carga de Porto Alegre para Porto Seguro e faz o caminho de volta vazio. O retrabalho do saque em conjunto com o desperdício de energia da tela no período de espera entre operações é um terror verde que consome (segundo as estatísticas disponíveis) algo em torno de 0,2% do PIB do Brasil. Muito dinheiro e natureza estão sendo jogados no lixo.

AGENDAMENTO DE EXAMES LABORATORIAIS NA RESIDÊNCIA

No agendamento para coleta domiciliar do Laboratório Fleury em 28/09/10, ficou claro a utilização de um estratagema tecnológico que conduz a perda verde. A solução baseada em solução do tipo "Distribuidor Automático de Chamadas" obriga que o cliente que deseja coleta domiciliar escute diversas opções antes de chegar ao seu objetivo.

No momento em que ele escolhe a opção desejada, ele é desviado do sistema automático para um operador humano que faz diversas perguntas sobre o exame, oferece todas as explicações necessárias e confirma o agendamento. O problema verde deste estratagema é que se obrigatoriamente neste tipo de situação o atendimento é realizado por um operador humano, então toda a navegação inicial é pura perda de tempo, energia e dinheiro.

Seria muito mais sustentável, em termos de natureza e dinheiro, uma estratégia na qual o atendimento com coleta domiciliar fosse feito sem a passagem pelo distribuidor automático de chamadas. As partes interessadas entrariam em contato de forma mais rápida e direta e com significativa redução do consumo de energia, dinheiro e natureza.

A segunda parte da perda verde na solicitação da coleta domiciliar veio no momento em que foi solicitado o valor do exame, na situação em que existia um desconto em função do relacionamento profissional entre as partes envolvidas. O operador humano solicitou neste momento que o cliente aguarde na linha enquanto abria a sua calculadora no computador para totalizar o valor do exame com desconto.

A demora para abertura da calculadora foi superior a dez minutos e terminou sem sucesso, pois o cliente não poderia continuar aguardando na linha. Que tipo de computador a operadora tem a sua disposição que demora mais de dez minutos para abrir uma simples aplicação de calculadora? Se a performance do equipamento é tão ruim em situação comum e trivial como será que é o desempenho em aplicações mais complexas?

A opção de fazer o cliente esperar consumiu muita energia em telecomunicações e processamento computacional sem resultar em informação útil alguma, pois o usuário cansou de esperar e desligou sem a resposta do valor do exame com desconto. Muito lucro foi reduzido, despesas foram aumentadas, energia elétrica foi consumida, calor não desejado e inútil foi produzido, natureza foi consumida. Basta multiplicar estes dez minutos perdidos pelas milhares de vezes que isto corre em um ano que teremos como resultado uma gigantesca perda ecomonetária. Um simples estratagema de reconhecer junto ao cliente a questão da performance ruim do computador e informar que em trinta minutos o valor do exame será enviado por via digital ou ligação telefônica é capaz de reduzir substancialmente esta perda verde.

Relação Lojista e Operadora de Cartão de Crédito

É comum a situação em que um lojista do varejo consegue melhores condições comerciais com uma determinada operadora em função do volume de transações e configura os sistemas informatizados para trabalhar preferencialmente com ela.

O problema verde acontece quando o lojista recebe as máquinas, interfaces etc. e o software adquirido não consegue fazer uso das novas facilidades comerciais em função de falhas na programação.

Em geral, apenas depois de 30 ou 60 dias após fechar o contrato e receber os equipamentos é que o dono do estabelecimento comercial vai perceber em conjunto com a operadora escolhida que o volume de operações é muito menor que o esperado e que as transações ocorreram por outro caminho com perdas de energia e monetárias.

As novas facilidades não utilizadas aumentam tanto os custos de energia como os custos das transações, e com isto perdas significativas ocorreram porque o sistema de automação da loja falhou no reconhecimento da nova estratégia comercial.

Como a operadora não entra no mérito da configuração do sistema do lojista, a responsabilidade pela mudança fica com a central de atendimento do fornecedor do software e nem sempre existe o entendimento do que deve ser feito para explorar ao máximo esta oportunidade comercial duramente negociada pelo lojista.

Todas as vantagens comerciais obtidas pelo lojista estão sendo perdidas porque a configuração do sistema não foi alterada e as transações estão direcionadas para serem realizadas por outra operadora. Infelizmente para o negócio e natureza existe um consumo inútil de energia e dinheiro, pois os novos recursos físicos instalados estão funcionalmente inoperantes pela falha de comunicação entre a central de atendimento e usuário.

Capítulo 3
Qualidade da Demanda

Ideologia Central:

1. Como o Brasil é o campeão mundial da tarifa do KWH, é natural que 89% das empresas entrevistadas estejam fortemente preocupadas com a questão energética em termos do custo, disponibilidade e preservação ambiental.
2. Foi desenvolvido um projeto pioneiro na indústria automotiva brasileira que habilitou a automatização de todo o processo de produção e recebimento de veículos e peças e sua respectiva integração com a montadora através das informações fornecidas em tempo real pelos computadores de bolso.
3. A grande vantagem dessa abordagem construtiva é que se o datacenter demanda por 1 MWH por ano, ele recebe apenas isso de energia.
4. A primeira imagem corporativa da nova TI é redução do consumo de energia, espaço e refrigeração.

O mercado da nova tecnologia da informação está em condição de alerta máximo e cada vez mais desenvolve soluções aderentes a atual demanda mundial de preservação do meio ambiente. Os executivos e especialistas destacam que o tema não é um mero modismo de momento nem um colóquio intelectual de alguns poucos abilolados, pois todos reconhecem a relevância do verde para o menor custo e maior dinamismo e desempenho da nova TI.

Em 2007, a IBM apresentou uma pesquisa feita com 1.400 empresas, na qual ficou claro que o gasto com energia elétrica foi o item nos gastos corporativos que mais cresceu desde 2005. O patamar estratosférico alcançado das despesas energéticas em 2007 superou pela primeira vez os gastos com planos de saúde, folha de pagamento, aluguel e equipamentos.

Como o Brasil é o campeão mundial da tarifa do KWH é natural que 89% das empresas entrevistadas estejam fortemente preocupadas com a questão energética em termos do custo, disponibilidade e preservação ambiental. Felizmente, a consequência direta das ações para reduzir o uso de energia é a melhoria na preservação da natureza.

Os dados levantados mostram que as nossas empresas têm o assunto energia elétrica no topo da agenda. O mercado americano que pratica tarifas mais baratas apresenta apenas 38% das empresas com este mesmo nível de preocupação com o gasto energético. O fato de a nossa tarifa do KWH ser quatro vezes maior que a americana é sem sombra de dúvida um forte influenciador, catalisador e acelerador. Mesmo tendo uma pressão de custos menor, o indicador verde norte americano vem crescendo com velocidade espantosa ano após ano em função das dificuldades enfrentadas com a disponibilidade da energia.

Os números da pesquisa da IBM deixam claro que a nova TI veio para ficar no Brasil. Mais de 80% das empresas brasileiras apontam que a eficiência energética é fator decisivo na hora de adquirir produtos e serviços de TI. No resto do mundo apenas 40% das empresas adotam a mesma política. Como a taxa de crescimento mundial é muita elevada, em pouco tempo teremos o mesmo patamar elevado de tratamento da eficiência energética em todas as partes do globo terrestre. É bastante claro que a adoção de posição de vanguarda e liderança pelas empresas no Brasil é consequência do nosso supercusto do KWH.

É possível afirmar que todas as empresas estão conscientes de que os recursos naturais são finitos. No entanto, o convencimento do mercado para a adoção estruturada, organizada e orquestrada das melhores práticas verdes só aconteceu quando o bolso foi atacado. O tamanho do sangramento monetário energético fez com que exista no Brasil uma maior e mais urgente necessidade de aumentar a eficiência do uso de energia elétrica sem prejudicar a produção. É a chamada qualidade da demanda que entrou em campo.

Algumas corporações com elevada maturidade energética nos seus processos internos fizeram questão de também planejar os seus portais na Internet dentro das regras do jogo "bolso e natureza agradecem". Os portais da Caixa Econômica Federal e da empresa de telecomunicações TIM revelam elevada maturidade prática na execução dos conceitos de efetividade energética. As páginas usam cores e luminosidade adequadamente escolhidas para que os usuários consumam pouca energia. O inteligente estratagema habilita uma constante e prazerosa experiência de navegação com sustentabilidade ecomonetária.

Outras empresas no Brasil estão em diferentes estágios de eficiência enérgica, mas as principais movimentações mostram que existe um claro crescimento da maturidade. É possível traduzir a efetividade energética como uma experiência que suporta a aderência ao negócio da empresa com a estratégia do "bolso e a natureza agradecem".

As redes sociais da Internet fazem parte hoje em dia dos modelos dos negócios corporativos. O atual estágio evolutivo mostra que os conceitos de relacionamento com os consumidores através de rede social foram incorporados pela maioria das empresas. Muita segmentação de mercado e descoberta de nichos pode ser feita nesta infraestrutura de comunicação.

Vendas, iniciativas políticas, desenvolvimento de produtos, pesquisas segmentadas e regionalizadas de satisfação podem agora ser feitas de forma barata, rápida e ecológica. Isto significa na prática que em pouco tempo as redes sociais verdes estarão em grande vantagem competitiva. O mercado estimado para a segunda década deste milênio mostra uma gigantesca expansão dos negócios digitais.

O segmento de computadores bate recorde após recorde e as soluções portáteis vêm alcançando números absolutos de vendas inimagináveis. A recente conquista do grau de investimento em conjunto com os eventos copa do mundo de 2014, jogos olímpicos de 2016 e descoberta e exploração do pré-sal tornou o nosso país a bola da vez e vem gerando espírito de crescimento da economia brasileira acima do convencional em todos os segmentos. A qualidade da demanda energética da nova TI faz com que ela seja um habilitador necessário e obrigatório de todos os novos negócios nacionais.

Um bom exemplo dos resultados ecofinanceiros da maior eficiência energética ocorreu no setor automobilístico. Em 2007, os funcionários das 560 concessionárias de uma gigantesca montadora alemã espalhadas pelo Brasil tinham uma enorme carga de trabalho desnecessária quando recebiam os carregamentos de peças ou carros. Era preciso abrir todas as caixas e conferir manualmente todos os produtos listados na nota fiscal.

A operação era vagarosa e frequentemente existiam inconsistências que aumentavam os custos operacionais e geravam atrasos nas entregas para os clientes. Segundo o executivo de operações da associação brasileira de distribuidores da montadora, o processo era cheio de falhas, pois os colaboradores trabalhavam de forma assimétrica e assíncrona. Eles tinham apenas lápis e papel como ferramentas. No trabalho manual não existia a atividade de comparação entre a lista de produtos recebidos e as requisições. Muitas vezes, peças não encomendadas eram recebidas, e produtos solicitados não eram entregas. Muito retrabalho (com enorme gasto de energia, dinheiro e natureza) era realizado apenas pelas falhas de sintonia.

Um grande provedor europeu de tecnologia da informação e comunicações foi contratado para desenvolver um sistema de integração inexistente no mercado com o objetivo de eliminar as perdas do processo de recebimento e conferência. As metas eram economizar tempo, garantir a segurança das informações e facilitar a gestão dos prazos de entrega das encomendas.

A solução tinha que ser compatível com mais de 70 softwares utilizados pelas concessionárias brasileiras e unidades da montadora para que todas as aplicações mantivessem as conversas e integrações. Era esperado que a comunicação do sistema com o usuário fosse feita de forma amigável, evolutiva e móvel.

Foi desenvolvido um projeto pioneiro na indústria automotiva brasileira que habilitou a automatização de todo o processo de produção e recebimento de veículos e peças e sua respectiva integração com a montadora através das informações fornecidas em tempo real pelos computadores de bolso. A arquitetura escolhida permitiu o completo gerenciamento do processo de distribuição da cadeia produtiva estendida e economizou muito tempo, dinheiro e natureza. Foi o controle preciso dos produtos em estoque que permitiu esta sensacional economia ecomonetária.

O trio CTP mais uma vez foi usado como uma poderosa arma para o "Bolso e a natureza agradecem".

O fornecedor verde também ganhou, pois ficou com um contrato de três anos de manutenção e melhoria do sistema. O fabricante dos computadores de mão também abriu um sorriso de orelha a orelha, pois ganhou contrato de três anos para manutenção e troca rápida dos equipamentos.

O custo total de aquisição foi 1,75 milhões de reais (sistema e computadores). O projeto foi completado em apenas sete meses para toda a rede de concessionárias da montadora gigante Alemã no Brasil. A solução substituiu a necessidade de conferência manual das mercadorias pelo modelo digital com códigos de barras. A nova TI permitiu o controle e acompanhamento completo de um processo que envolvia anualmente mais de 420 mil veículos e 21,48 mil toneladas de peças distribuídas em 23 milhões de itens.

O CTP de saber exatamente quanto tempo os fornecedores levariam para entregar as peças permitiu melhor organização do negócio e ofereceu facilidades para cobrar os atrasos e fazer cumprir os prazos acordados. Na prática, foi criada uma base de dados no portal existente da montadora para cada concessionária. As melhorias no portal habilitaram as próprias concessionárias para que gerenciassem as suas informações com o suporte e apoio da organização da nova TI. Mais de 5 mil profissionais (gerentes de serviço, vendedores e equipe de pós-venda) foram beneficiados pela facilidade. A solução atende todas as 560 concessionárias no Brasil com segurança, pois o acesso às informações ocorre conforme a autorização de acesso do departamento do usuário.

Os resultados alcançados foram tão empolgantes e espetaculares que a associação brasileira iniciou o planejamento para a criação de uma etiqueta com código de barras que acompanhará cada carro que sair da fábrica. Cada evento realizado no veículo irá atualizar as informações no sistema. Em breve será possível obter com facilidade todos os dados referentes ao veículo, como por exemplo, os acessórios adquiridos, as datas de retorno para as revisões e o histórico dos problemas. O atendimento ficará mais rápido e completo a cada ida a concessionária.

Apesar de ser uma solução para uma montadora especifica, o fabricante pode obter enormes ganhos de escala e inteligência de mercado se conseguir aplicar o conhecimento, capital intelectual coletivo obtido no desenvolvimento da ferramenta para as outras concessionárias.

A QUALIDADE DA DEMANDA E A PRESERVAÇÃO AMBIENTAL

A pesquisa da IBM, de 2007, também mostrou o perfil segmentado da preocupação energética. Como era de se esperar, a maioria das pequenas e médias empresas nacionais estava com o assunto no topo da sua agenda. O motivo dessa concentração é que para as micros, pequenas e médias empresas os gastos de energia afetam sobremaneira a sobrevivência do negócio e precisam ser otimizados no curto prazo.

Dentre as 75% das pequenas e médias empresas brasileiras que demonstram preocupação com o meio ambiente, 58% delas já implementaram políticas ambientais. Como comparação desta agilidade corporativa das empresas de menor porte, o resultado global (inclui as grandes e mega-empresas) mostra que apenas 44% das empresas possuem políticas ambientais. A maioria das pequenas empresas em todo o mundo já iniciou pelo menos uma iniciativa para diminuir o consumo de energia, como por exemplo, o uso de formas de iluminação mais econômicas e o desligamento dos equipamentos fora de uso.

As transformações verdes mais profundas e de maior valor agregado ainda enfrentam diversas resistências. Prédios ecologicamente sustentáveis, carros multicombustíveis, painéis solares etc. ainda não é realidade para muitos negócios. A nova TI é uma exceção com bastante louvor neste campo da demanda com qualidade.

A pesquisa da IBM mostrou que é uma prioridade para as pequenas e médias empresas conter o gasto de energia em TI. Oitenta e sete por cento das empresas brasileiras afirmam que a eficiência energética é um fator decisivo na hora de adquirir produtos de tecnologia. O IDC recentemente revelou uma estimativa em que para cada dólar gasto com TI, 50 centavos são destinados para pagar a conta de energia.

Como o volume de dados processados vem crescendo de forma robusta e permanente, a expansão do ambiente de TI passou a ser uma operação de alto risco pelo consumo de energia. As soluções da antiga TI tem baixa eficiência energética e o consumo aumenta conforme o volume de informações processadas. A relação entre a necessidade de processamento e volume de dados é do tipo função matemática potencial, ou seja, é explosiva, por isto a consolidação e virtualização de servidores, centralização do processamento e eliminação de informações inúteis são tendências que vieram para ficar no endereçamento da redução de custos e preservação ambiental.

Os executivos de tecnologia e negócios estão levando muito em conta estes fatores nas suas decisões. Não é apenas fazer mais com menos. É eliminar as perdas e desperdícios para fazer melhor, mais rápido e barato. O custo unitário da transação tem que ter viés negativo.

Na maior siderúrgica nacional, os projetos de infraestrutura da nova TI são orientados tanto pela demanda da unidade de negócio, como pelo endereçamento da necessidade de melhoria. Em função das estimativas de crescimento da cadeia produtiva estendida, a organização de tecnologia decidiu consolidar e virtualizar os servidores nos últimos três anos. Todas as novas aquisições de capacidade de processamento passaram a contemplar todos os conceitos de eficácia enérgica. As exceções ficaram por conta das aplicações que demandavam por soluções especificas. A maioria dos 300 servidores foi centralizada e virtualizada. A centralização do processamento em Volta Redonda permitiu enorme economia ecomonetária.

O estratagema permitiu alcançar maior nível de maturidade na segurança e potencializou a flexibilidade do uso dos recursos de tecnologia. O maior volume de movimentação dos dados que poderia aumentar o consumo de energia elétrica foi imediatamente combatido pela eliminação das informações inúteis. O maior controle provocado pela centralização facilitou a tarefa e resultou em forte redução do consumo de energia.

Na siderúrgica, o processo de virtualização e centralização dos servidores ainda está em andamento. O ambiente Unix de 70 servidores está em fase mais acelerada em termos de consolidação pela necessidade de suportar o processamento da solução de Enterprise Resource Planning (ERP) e gerenciamento do banco de dados. Os 240 servidores de arquivo com sistema operacional Windows estão funcionando em dez máquinas virtualizadas. A reformulação da arquitetura de TI da siderúrgica veio para atender uma necessidade do negócio. Nos últimos três anos, a companhia comprou diversas organizações e precisava consolidar as áreas de negócio. A eliminação das perdas e desperdícios pelo compartilhamento do processamento entre os servidores consolidados reduziram sobremaneira as despesas financeiras da depreciação e capex.

Como troco neste processo do "bolso e a natureza agradecem", veio a facilidade de migrar as soluções entre os dois sistemas operacionais escolhidos. No passado recente, este tipo de necessidade exigia uma operação de elevada complexidade e longo tempo de execução.

A organização reconhece que a principal motivação para o endereçamento dos princípios da TI Verde de otimização do desempenho com economia de energia elétrica não é a causa ambiental propriamente dita. Foram os dois radares corporativos de consumo de energia e necessidade de controle que geraram a motivação para atender as necessidades da infraestrutura de negócio que resultaram nas iniciativas de preservação da natureza.

Para a maior empresa de energia nacional, o foco da organização da nova TI é obter ganhos marginais crescentes para a *performance* com redução dos gastos. Desde 2006, a empresa vem investindo na virtualização dos servidores. Em alguns casos, o retorno do investimento superou a incrível casa dos 70% (servidor pouco utilizado com pequenas aplicações departamentais). As centenas de servidores virtualizados representaram uma brutal queda no consumo de energia.

A centralização e virtualização realizadas na empresa de energia reduziram o gasto em informações inúteis, pois o controle do que é processado e armazenado foi aprimorado para melhorar o desempenho do ambiente de tecnologia. Arquivos duplicados foram excluídos do sistema, porque ocupavam espaço desnecessariamente. Estão sendo utilizadas práticas e ferramentas de controle para monitorar, controlar e reduzir os custos da infraestrutura.

A maior produtividade com custo menor é o resultado alcançado com as práticas ambientais. O gigante mundial seleciona os fornecedores em função das melhores práticas da governança de TI Verde. O novo datacenter no Rio de Janeiro está sendo planejado conforme as melhores práticas e terá um ambiente com mais de três mil metros quadrados para ser a principal central de processamento verde da companhia.

Nem sempre o resultado ecomonetário da nova TI é alcançado no curtíssimo prazo. No entanto, a avaliação dos projetos de 60 meses consistentemente indica que as iniciativas verdes resultam em redução do capital necessário de mais de 40%. As principais economias estão nos itens: energia elétrica, hora extra, refrigeração e central de serviços. A natureza também agradece a redução na emissão de poluentes.

O melhor desempenho e maior velocidade de atendimento para as demandas do negócio é o resultado direto da simplificação da arquitetura de tecnologia. A flexibilidade e elasticidade da capacidade causadas pela virtualização e centralização dos servidores permitiram o atendimento de demandas sazonais que era um antigo desejo da maioria dos homens de negócio. Uma solução definitiva para o trinômio espaço, calor inútil e indesejado e consumo de energia é sem sombra de dúvida o sonho de consumo dos clientes, por isto, o conceito dos novos datacenter mudou.

A efetividade energética precisa ser endereçada tanto pelos equipamentos e soluções, como pela arquitetura do espaço físico. A crescente necessidade de processamento e armazenamento obriga que a estrutura endereçe de forma equilibrada as questões de economia de energia e espaço e refrigeração. Recentemente um executivo de marketing declarou que "Olhando para o passado e para a situação atual, vemos uma situação em que temos de conectar cada vez mais aparelhos uns aos outros, com muito mais usuários. Dos anos 1980 para cá o custo para colocar um usuário na rede caiu bastante. Por outro lado, o custo para manter toda essa rede funcionando, com sua infraestrutura que necessita de muita energia e refrigeração, subiu".

Este novo momento demanda por mudanças nos conceitos tradicionais de construção de um datacenter. Até pouco tempo era possível tratar o planejamento e construção da parte física da infraestrutura como uma obra civil, ou seja, apenas pequenas reformas e ajustes poderiam ser feitas após a construção e entrega.

O cenário planejado da obra civil era de dez anos com alguma margem de segurança para pequenas mudanças. Nos primeiros anos de uso este estratagema provocava muito desperdício energético, pois o projeto previa, por exemplo, o consumo de 100 MWH por ano e a operação dos primeiros anos consumia apenas 1 MWH anualmente. As construções modernas dos datacenters projetam infraestruturas moduláveis e escaláveis sem novas necessidades de obra civil.

A grande vantagem desta abordagem construtiva é que se o datacenter demanda por 1 MWH por ano ele recebe apenas isso de energia. As ampliações podem ser feitas sem grandes obras e interrupção do processamento. Os grandes ajustes são feitos nos *hacks* para que os gastos com energia e operacionais sejam mínimos. O resultado desta abordagem verde é o menor impacto possível no meio ambiente.

Esta técnica simples da nova TI permite alcançar a sustentabilidade ecomonetária, pois existem otimizações em todos os componentes usados na construção do datacenter. Tipicamente, uma instalação com consumo de 1 MWH com vida útil de dez anos economiza, em relação a solução tradicional, durante o ciclo total de vida 177 mil MWH, 227 milhões de litros de água, 65,8 toneladas métricas de cobre, 9,1 toneladas métricas de chumbo, 15,0 toneladas métricas de plástico, 33,0 toneladas métricas de alumínio, 5,4 toneladas métricas de solda e 171,0 toneladas métricas de aço.

Outro grande avanço do lado da infraestrutura física moderna está no campo da refrigeração. Antigamente, existia uma máquina grande para todo o ambiente, com um único controle. Este estratagema resultava na existência no mesmo local de pontos mais frios e mais quentes. Na nova TI, a refrigeração é colocada do lado do alto consumo de energia e dissipação de calor. Dentro deste novo conceito, não pode ser esquecida a questão do calor gerado por informações inúteis. Melhorias na estratégia dos dados resultam em muita economia e natureza.

Mesmo quando os sistemas de refrigeração são colocados ao lado da maior geração de calor é preciso selar em um ambiente mais frio um *hack* ou corredor, pois equipamentos diferentes operam em temperaturas diferentes. O colateral da consolidação de servidores é o aumento da densidade calor e mudança no fluxo de temperatura dentro do datacenter.

A concentração da refrigeração nos pontos em que ela é necessária permite trabalhar com temperatura média da sala mais alta. É também importante para a eficiência energética saber explorar os recursos mais avançados dos equipamentos de refrigeração modernos. Os equipamentos de alto desempenho conseguem acompanhar o crescimento da instalação sem gastar mais energia que o necessário. Entre as principais facilidades para a melhoria de performance e redução do consumo de energia é possível destacar três:

1. Uso de volume de líquido variável
2. Ventiladores com capacidade customizável
3. Sistemas de controle que gerenciam as máquinas para otimizar o uso de energia

A computação em nuvem é um conceito da nova TI que vem ganhando visibilidade pela redução de custos. A solução empacota os dados e serviços que residem fisicamente em datacenters massivamente escaláveis com acesso por qualquer dispositivo eletrônico conectado na Internet. É possível afirmar que a popularidade do formato da Internet é amplificada pela computação em nuvem, na qual o usuário acessa os seus recursos computacionais sem maiores preocupações com a infraestrutura.

Basicamente, a nova TI fala neste momento de entrega conforme a demanda. Em alguns casos, o conhecimento corporativo é agregado a inteligência de mercado e em outros existe apenas a inteligência individual. Entre os dois extremos existem diversas graduações intermediárias. A grande atratividade verde corporativa da nuvem reside tanto no fato de as empresas não precisarem manter todos os recursos dentro de casa, como nos ganhos de produtividade da inteligência de mercado.

Para as corporações, os recursos terceirizados da nuvem eliminam a necessidade de consumir energia e refrigeração para recursos de TI de baixa utilização. Para a natureza existem ganhos generosos de preservação pela eliminação de ociosidade e perdas energéticas. Este novo estratagema faz com que a Internet assuma um papel fundamental nas iniciativas de tecnologia das empresas de todos os setores. É preciso aproveitar o momento histórico e potencializar ao máximo a função utilidade da capacidade e continuidade desta infraestrutura tecnológica. A nova fronteira implica mudanças comportamentais para a segurança e convergência.

As soluções de segurança precisam evoluir para o gerenciamento de serviços. Detectar e barrar ameaças deixaram de ser atividade fim. As soluções que conseguem conversar com todos os equipamentos, capturar e transformar os dados, gerando relatórios gerenciais permitem que os gestores e executivos verifiquem o endereçamento das requisições da lei Sarbanes-Oxley, avaliem o nível de risco da rede corporativa e gerenciem a disponibilidade com base em números reais. Os gestores da rede precisam de ferramentas com facilidades para gerar relatórios sobre ITIL, COBIT e normas 21001 e 21002, por exemplo.

As facilidades da nuvem que permitem o tráfego simultâneo de dados e voz são sem sombra de dúvida um ponto fundamental para o aumento do volume de negócios e crescimento da sua importância. Evidentemente existem situações em que os negócios exigem trabalho forte e alta *performance*. Para atender a essa demanda específica e localizada, os fornecedores buscam equipamentos que suportem essas novas requisições sem que exista degradação da rede. As portas de 10 gigabytes disponíveis em algumas nuvens são exemplos práticos do atendimento da necessidade de alta *performance*.

As soluções desenvolvidas na arquitetura Open Services Networking (OSN), permitem que as nuvens agreguem qualidade aos produtos ofertados. Gerenciamento de rede, controle de Service Level Agreement (SLA) e segurança são atributos dos produtos que respondem de forma efetiva às necessidades dos negócios de alto desempenho. Serviços como vídeo, compressão de dados e PBX IP são extremamente desejados pela indústria e cadeia varejista nacional.

É importante existirem cuidados para não confundir o conceito de consolidação, virtualização e automação com a mera redução de custos e otimização da área física do datacenter da nuvem. A chave aqui é a simplificação do gerenciamento da infraestrutura com adequação dos produtos e serviços com a demanda do mercado de forma simples, rápida e flexível.

SUSTENTABILIDADE E INOVAÇÃO DA QUALIDADE DA DEMANDA

O conceito de sustentabilidade da qualidade da demanda da nova TI é representada na prática por um conjunto de produtos e serviços capazes de unificar os pilares da sustentabilidade em uma única plataforma. A solução final deve ser baseada nos princípios da governança corporativa, nos aspectos ambientais e sociais, na efetividade energética, na eliminação do calor inútil e indesejado e informações inúteis, nas fontes de energia verde, na utilização dos créditos de carbono e nas questões de segurança e saúde.

A aplicação corporativa de aderência ambiental deve ser capaz de capturar as informações da sustentabilidade da qualidade da demanda da nova TI e integrar com as informações do sistema integrado de gestão para auxiliar a administração de todos os aspectos das regulamentações ambientais dos diversos países que a organização estiver presente e com o gerenciamento dos créditos de carbono. Esta aplicação precisa trabalhar de forma cooperada com gerenciador da segurança e saúde para que o capital humano gere viés crescente de lucro no longo prazo.

A primeira imagem corporativa da nova TI é redução do consumo de energia, espaço e refrigeração. Apesar do acerto, este é apenas um dos focos, pois a tecnologia habilita a superação dos gargalos da infraestrutura. O aquecimento global em conjunto com a escassez de água e energia são problemas reais na vida de muitos. A nova TI permite a eliminação de perdas e desperdícios de forma muito rápida e barata e por isto é uma enorme vantagem para as empresas que buscam melhorias na produtividade e redução do impacto ambiental e nos custos operacionais.

Soluções que transformam os medidores passivos de energia em uma unidade inteligente que troca informações úteis em tempo real com as operadoras de energia consegue ir além do gasto passado e partir para iniciativas futuras. Ferramentas que permitam que o próprio consumidor controle em tempo real o uso de energia é uma poderosa arma para combater a degradação do meio ambiente e gerar qualidade da demanda de energia nos produtos não relacionados com TI. Quando as pessoas conseguem ver o quanto gastam em energia, elas podem tomar ações para eliminar as perdas e desperdícios. Equipamentos elétricos que transformam muita energia em calor indesejado e inútil podem, por exemplo, ser identificados e trocados.

Os medidores inteligentes habilitam facilidades para que os consumidores possam avaliar o volume de energia que eles estão consumindo e possibilitam o ajuste de hábitos e costumes em tempo real para melhorar a eficiência do uso da energia. Existem momentos do dia que não precisam do fornecimento máximo de energia e o consumidor pode reduzir o consumo para apenas o necessário. A facilidade de tempo real também permite a identificação de problemas durante o mês e elimina as surpresas e as reclamações de contas elevadas.

A operadora de energia ganha muito com o medidor inteligente, pois ela passa a ter diversas visões em tempo real do gasto de energia por rua, bairro e cidade. O melhor conhecimento da demanda permite que o sistema Telebrás antecipe os picos de uso e planeje e negocie preços melhores em toda a cadeia de produtividade. Uma pequena iniciativa da nova TI torna possível fornecimento de energia eficiente, eliminação de perdas e desperdícios, redução de custos e preços e preservação do meio ambiente. É a inovação da nova TI caminhando para "Bolso e a natureza agradecem".

As organizações que padronizam a medição e conservação de energia e os clientes em conjunto com as empresas fornecem energia elétrica precisam estar presentes no desenvolvimento dos requisitos das facilidades do medidor e software. Estabelecer programas-piloto em diversas localidades vai ajudar muito na fase de ajuste fino da solução, definição do modelo de negócio e estabelecimento de financiamentos. O papel do governo é construir uma ponte entre os sistemas, equipamentos e impostos para que as realidades diferentes possam conversar de forma integrada. Os novos serviços e postos de trabalhos gerados são a costura que o sistema Telebrás precisa para que as intermediações agreguem valor e exista relacionamento real entre todas as variáveis do sistema de equações.

Esse tipo de solução pode ir muito além do setor de energia com pequenas mudanças nos coletores de informações. As novas ferramentas podem beneficiar outros segmentos críticos da infraestrutura como o gerenciamento de recursos hídricos. Os sensores espalhados pela rede de distribuição de água da cidade podem capturar informações como a queda ou aumento de pressão nos canos e qualidade da água. A distribuidora consegue com este estratagema detectar de forma automática problemas de vazamentos e encontrar soluções rápidas eliminando as perdas e desperdícios do sistema.

Capítulo 4
Governança Verde

Ideologia Central:

1. O cargo de diretor de sustentabilidade pode ser o resultado da fusão das diretorias jurídica, marketing, assuntos corporativos, comunicação e TIC. Como o cenário corporativo está cada vez mais digital (TIC habilita projetos, produtos, processos e serviços), o executivo de tecnologia é um candidato natural ao posto.

2. As empresas inteligentes e conscientes buscam soluções sustentáveis de TIC para reduzir o consumo de energia e tratar adequadamente os resíduos tecnológicos e os seus derivados. Para que a sustentabilidade corporativa seja real ela precisa estar presente hoje, amanhã e sempre, por isto é preciso trabalhar em ambiente CTP . A governança só existe quando o CPT está presente, logo é preciso trabalhar corretamente com as métricas para que o resultado final seja satisfatório.

3. A integração cujo resultado é a nova TI assegura o completo cumprimento do objetivo da redução do impacto ambiental e financeiro das atividades de suporte da governança corporativa ao mesmo tempo em que assegura que os recursos de TI estão integrados com os objetivos da organização e com a responsabilidade socioambiental.

4. O portal www.weeman.org é um bom exemplo de onde as pessoas e empresas conseguem obter evidências da produtividade verde. O portal oferece facilidades para cálculo do impacto ambiental das diversas soluções digitais. O conhecimento do benefício e respectivo impacto pelo usuário tornam as suas solicitações de recursos adicionais mais objetivas.

A governança pode ser entendida como o conjunto de processos, costumes, políticas, leis, normas e entidades que regulam a gestão e controle dos negócios.

A nova governança corporativa veio na direção de endereçar a necessidade de pleno conhecimento do relacionamento dos envolvidos com o atendimento dos objetivos da empresa. As questões relativas aos clientes, fornecedores, órgãos reguladores, colaboradores, meio-ambiente são consideradas como parte fundamental da boa gestão. A nova governança tem como objetivo primário assegurar o comportamento dos atores conforme as melhores práticas, para criar e manter ambiente de negócios pautado por: (i) respeito profissional, pessoal e legal, (ii) consideração pelas necessidades ambientais, financeiras e humanas, (iii) desenvolvimento da confiança corporativa sustentável via meritocracia e império das leis e (iv) colaboração com sólida inteligência coletiva. A resultante deste saudável ambiente de negócios sempre é a sinergia da atuação da cadeia de valor estendida e o sucesso do empreendimento.

O ouro da governança da TI VERDE vem de forma muito rápida e fácil quando os principais atores (investidores, colaboradores, empresa, clientes e fornecedores) têm comportamento transparente, conforme os códigos de conduta ou certificações (formais ou informais) acordados, aceitos e entendidos para habilitar em toda a comunidade a clara e fácil visualização dos compromissos, acordos e respeito com a sustentabilidade, meio ambiente e lucro.

A aplicação efetiva, real e permanente das melhores práticas corporativas implica necessariamente saber profundo dos processos de negócio e cultura corporativa e resulta inexoravelmente no gerenciamento pleno das expectativas e dissonância cognitiva dos *stakeholders* e investidores em relação ao lucro e sustentabilidade do negócio. Os princípios, normas, regulamentos e boas práticas que disciplinam a responsabilidade empresarial funcionam como as ferramentas de extração do ouro verde.

Algumas organizações estão formalizando a estrutura de mineração do ouro verde através da criação do cargo no nível executivo de sustentabilidade corporativa. A principal função deste executivo está relacionada com a sua atuação como mentor do presidente, outros executivos e acionistas para: (i) aumentar e manter a competitividade da empresa no mercado, atendendo às normas, leis e regulamentações nacionais e internacionais e (ii) gerar capital intelectual coletivo de alto nível na temática ambiental-financeira.

O cargo diretor de sustentabilidade pode ser o resultado da fusão das diretorias jurídica, marketing, assuntos corporativos, comunicação e TIC. Como o cenário corporativo está cada vez mais digital (TIC habilita projetos, produtos, processos e serviços) o executivo de tecnologia é um candidato natural ao posto. A grande vantagem corporativa de um profissional CABEÇA DE TI na posição é que a governança deixa de atuar apenas na frente contra a corrupção fiscal e passa a agir como fiscal da sustentabilidade. O impacto no lucro deste foco é imediato, pois além da corrupção, as perdas, desperdícios, e ineficiências entram na zona de combate. Como a segunda PNIPTI mostrou que mais de 60% das informações (digitais) corporativas são inúteis, é bastante claro como o foco na governança de TI VERDE consegue extrair ouro das pedras.

Os artigos Se entra lixo, sai lixo, publicado no portal *Info Corporate* em 12 de dezembro de 2008, e Estudo aponta que empresas têm problemas para gerenciar dados, publicado no portal da *ComputerWorld,* no Brasil em 11 de agosto de 2010, que afirmam que 75% das informações armazenadas nos servidores estão lá há muitos anos e tendem a se transformar em lixo eletrônico, mostram que o problema das informações inúteis é antigo e não está sendo adequadamente endereçado nos últimos anos. A sustentabilidade consegue combater formas de corrupção mais abrangentes do que a mera questão fiscal.

A corrupção causada pela ignorância ambiental, ilusão dos consumidores e busca do lucro com olhos apenas no curtíssimo prazo não é endereçada pela atual governança corporativa e vem causando enormes prejuízos financeiros e insatisfação dos investidores. Elevado nível de devolução de mercadorias por falsas promessas, perda de mercado, aumento extraordinário dos custos de matéria-prima e produção pela destruição tola de recursos naturais não renováveis e etc. vêm levando os investidores a olharem o seu retorno dos recursos com visão de médio e longo prazo e desistirem de participar em alguns negócios. A maior rentabilidade dos negócios sustentáveis vem fazendo com que os investidores priorizem na sua carteira cada vez mais as empresas integradas com a natureza.

Modelo de Governança Verde

A necessidade de uma visão estruturada e holística nas decisões de negócios e tecnologias traz à tona a demanda corporativa por um modelo de governança focado na maturidade empresarial aderente a normas, regulamentações e leis nacionais e internacionais. O modelo precisa endereçar ao mesmo tempo as questões de: (i) negócios via governança corporativa, (ii) objetivos e metas da organização em termos de sustentabilidade ambiental e financeira e (iii) redução do impacto ambiental e financeiro das atividades de suporte da governança corporativa.

Neste ponto ficam evidentes as vantagens para o empreendimento da governança da nova TI verde em relação a governança da tradicional TI. A governança da antiga TI tem o papel e objetivo único de suportar a governança corporativa. A governança da nova TI Verde, no entanto, tem dois papéis e objetivos adicionais além do suporte a governança corporativa. Ela também atua ativamente no desenvolvimento e manutenção das metas do negócio de sustentabilidade ambiental e financeira e na minimização do impacto financeiro-ambiental das suas atividades internas.

Neste momento especial em que a sociedade clama pelo aumento da conscientização das pessoas e consumidores em relação ao uso inteligente dos cada vez mais escassos recursos naturais, a governança da nova TI VERDE chega para desempenhar tanto a sua função essencial como para dar um passo a mais e agregar valor ao empreendimento e comunidade. Medidas que salvam ao mesmo tempo a natureza e o bolso sintetizam as novas metas dos negócios sustentáveis.

As empresas inteligentes e conscientes buscam soluções sustentáveis de TIC para reduzir o consumo de energia e tratar adequadamente os resíduos tecnológicos e os seus derivados. Para que a sustentabilidade corporativa seja real ela precisa estar presente hoje, amanhã e sempre, por isto é preciso trabalhar em ambiente CTP . A governança só existe quando o CPT está presente, logo é preciso trabalhar corretamente com as métricas para que o resultado final seja satisfatório.

As melhores práticas, os corpos de conhecimento e os frameworks atualmente em uso pela governança da antiga TI como o Control Objectives for Information and related Technology (COBIT) e Information Technology Infrastructure Library (ITIL®) precisam ser revisitados e observados com os olhos modernos da sustentabilidade.

Não estou falando em repensar os objetivos de controles e processos, pois eles claramente admitem interpretações sustentáveis, mas é preciso rever com urgência os principais modelos utilizados no mundo inteiro para que eles incorporem os critérios sustentáveis do bolso e natureza.

Grandes e independentes autores têm ajudado a difundir no Brasil as melhores práticas e os conceitos de gerenciamento dos serviços de TI do ITIL® (desenvolvido no final dos anos 1980) com foco na agregação de valor ao negócio, por isto o ajuste dos modelos para contemplar a sustentabilidade não será uma atividade demorada e complexa.

Muito pode ser descaradamente imitado do brilhante trabalho realizado por estes pensadores. Vários procedimentos sugeridos no livro *Governança Avançada de TI*, de Ricardo Mansur, editado pela Brasport, para a gestão de processos podem melhorar muito o atendimento dos critérios da boa governança verde.

O autor e executivo enfatiza muito na sua obra a necessidade da correta definição dos serviços de TI do catálogo de serviços. O simples procedimento de definir corretamente os serviços gera de imediato a readequação das solicitações. A correta nomeação dos serviços permite eliminar diversas redundâncias operacionais, ineficiências e desperdícios.

Serviços nomeados como acesso a rede nada dizem ao usuário sobre o endereçamento das suas necessidades. O nobre e bom usuário quer comprar serviços de TI nomeado como impressão de nota fiscal, cadastramento de um pedido etc. Coisas diferentes desta linha fazem com que os usuários mantenham diversas redundâncias operacionais em planilha, correio eletrônico e papel. Todos os casos avaliados comprovam que a correta nomeação dos serviços de TI e adequação do catálogo de serviços reduzem muito tanto o custo de investimentos na infraestrutura, como as despesas anuais de TI. O resultado final desta ação simples e fácil é a nova TI VERDE.

Por incrível que possa parecer, o correto catálogo de serviços de TI em conjunto com o uso de tradicionais indicadores de *performance* para os clientes ou usuários consegue também gerar informações claras sobre as metas ambientais dos produtos vendidos.

A central de serviços, que é o ponto único de contato com os usuários de TI, pode gerar um expressivo valor para a sustentabilidade do negócio. Uma efetiva base de conhecimento integrada com procedimentos adequados e correto fluxo de atendimento e escalamento de incidentes e tratamento das requisições de serviços com um olho no lado técnico e o outro no impacto ambiental, descarte de resíduos e lixo eletrônico pode agregar imenso valor para a sustentabilidade do negócio. Apenas a singela iniciativa de fazer boas negociações com o usuário eliminando as solicitações apenas e tão somente consumistas pode salvar muita natureza e bolso. Conheço casos em que gerentes de nível médio solicitaram trocas de celulares corporativos que funcionavam perfeitamente apenas porque queriam um produto de visual mais chamativo. O gerente de telecomunicações precisou de muito esforço para liderar, explicar e convencer sobre a falta de necessidade da troca.

Outra consequência verde do adequado catálogo de serviços está relacionada com a priorização dos incidentes. A falta de acordos sobre o nível de serviços faz com que todos os chamados sejam prioritários. Todos querem a solução imediata do problema independente da capacidade dos recursos de infraestrutura e de capital intelectual. Não importa o motivo, razão ou circunstância da falha, todos querem solução imediata.

O acordo do nível de serviço disciplina este problema do terror verde, pois as condições da entrega dos serviços de TI são claras e estão entendidas e devidamente acordadas. Se o acordo prevê a possibilidade de interrupção de um serviço por 48 horas em função dos recursos previstos e contratados, então a prioridade do chamado será consequência da infraestrutura planejada. É evidente que serviços nomeados como acesso a rede geram tamanha falta de efetividade na recuperação que o resultado final é priorização de tudo e perda verde.

A correta priorização dos chamados e incidentes e escalamento tem como consequência a orquestração ótima das ações e a economia de muita energia elétrica e combustíveis fósseis (são eliminados deslocamentos desnecessários, por exemplo). Pode parecer banal, mas muitos ainda não entenderam que a central de serviços verde consegue apenas com iniciativas simples economizar milhões de reais e muita natureza. O acordo do nível de serviço pode parecer, à primeira vista, como uma excentricidade de alguns estudiosos, mas na pratica ele consegue eliminar uma boa parte das ineficiências e informações inúteis das corporações.

As metas de consumo de energia, que em alguns casos podem virar métricas de bônus, também podem ser utilizadas como indicadores da *performance* da governança verde. O consumo de energia acima do planejado das soluções podem gerar incidentes e problemas e a sua gestão passa a ter papel pró-ativo nos objetivos financeiros ambientais da organização. Nesta nova TI, as estruturas de gerenciamento de mudanças e liberações passam a ter um papel de enorme responsabilidade na tomada de decisões e implementação das mudanças.

É preciso encontrar um ponto de equilíbrio com resultante nula de forças, onde ocorra o pleno atendimento das demandas, menor impacto ambiental possível e viabilidade financeira. A eliminação dos retrabalhos é um exemplo clássico do endereçamento dessas três metas. A eliminação dos incidentes decorrentes das mudanças é outro caso simples que qualquer empresa pode fazer.

Acabar com as implementações fracassadas é um objetivo mais ousado, mas que tem enorme potencial de eliminação das perdas e ineficiências. Saber avaliar com precisão se a estrutura de TI suporta uma determinada mudança não é algo trivial, mas se for feito com sucesso economiza muito dinheiro e energia.

A existência de um catálogo real de serviços obriga que o gerenciamento de disponibilidade assuma um papel inteligente na geração do lucro. A maximização da utilização dos recursos de TI pela otimização da indisponibilidade e entrega dos serviços conforme os acordos estabelecidos faz com que a organização de tecnologia trabalhe para extrair o melhor aproveitamento possível dos recursos e consequentemente alcance o gasto monetário e energético mínimo.

A eliminação das indisponibilidades não previstas ou planejadas muda o comportamento dos usuários acabando com as redundâncias operacionais, melhorando os processos internos e preservando o meio ambiente. O melhor planejamento dos *backups*, restores e redundâncias não apenas agilizam as respostas e nível de satisfação dos usuários como também fornecem uma gigantesca base para melhorias no gerenciamento da capacidade.

O pleno entendimento da oferta e procura é uma tarefa básica, mas é também consequência do que acontece com o gerenciamento da disponibilidade e dos problemas proativos. O correto planejamento da capacidade atual e futura dos recursos de TI provoca aumento instantâneo na disponibilidade e no desempenho dos usuários. A eliminação de redundâncias como, por exemplo, cópias desnecessárias de um mesmo arquivo ou mensagem é uma mudança simples, mas radical em termos de sustentabilidade. Esta gerência deve ter em mente que a busca da capacidade com desempenho adequado é uma atividade dinâmica e permanente e deve acontecer sempre.

As métricas das suas atividades conseguem assegurar uma parte expressiva da sustentabilidade da nova TI. Garantir que a capacidade dos recursos estejam sob controle significa a eliminação de diversas demandas por ampliação da capacidade. Muito dinheiro e energia são economizados com ações simples de aumento da efetividade desse gerenciamento.

Em definitivo é preciso entender que as atividades do gerenciamento da oferta e procura devem trabalhar explicitamente também com as métricas relativas ao desempenho por KWH consumido. Os contratos internos e externos dos serviços de TI devem objetivar a redução do impacto ambiental e monetário, logo o uso efetivo da energia também faz parte da gerência de capacidade. O atendimento da demanda precisa pensar em todo ambiente de TI e buscar em ação conjunta a eficiência e eficácia enérgica. A auditoria pode ser uma poderosa ferramenta para maximizar a sustentabilidade.

O pensamento na direção da nova TI torna possível a realização do sonho de sustentabilidade ambiental e monetária. A integração das soluções ambientais com o ambiente atual de TI faz com que seja possível trabalhar em modelos de governança verde, utilizando os indicadores das melhores práticas já disponíveis no mercado. Todos os que já realizaram investimentos no COBIT ou ITIL® terão neste contexto a preservação dos esforços realizados.

É bastante evidente que a integração da sustentabilidade com a atual TI remete apenas e tão somente a um modelo mais explícito das necessidades de tecnologia. Não existe administração de TI que não busque reduzir a participação da rubrica manutenção no seu orçamento.

O conjunto de indicadores e métricas mais completo resultante da integração permite o endereçamento deste objetivo naturalmente. É comum existirem dificuldades para justificar investimentos em treinamentos, monitoração, segurança e facilidades. Muitas vezes a necessidade de investimento em espaço e refrigeração é muito maior que o orçamento do projeto e boas iniciativas ficam inviabilizadas.

Quando os olhos saem da questão de investimento em espaço e refrigeração e vão para as despesas mensais, as boas iniciativas são refutadas quase sempre de imediato. No entanto, quando é explorada a alternativa bastante simples, óbvia e trivial de que se não existir calor não existe necessidade de refrigeração um universo de oportunidades é aberto.

Basicamente, a transformação de dados em informações por TI resulta em três componentes diferentes: informações úteis, inúteis e calor. Tanto as informações inúteis como o calor são efeitos indesejados e devem ser minimizados para um resultado operacional ótimo.

Equipamentos com baixa eficiência enérgica, quantidade excessiva de indisponibilidades, elevado nível de redundâncias, dificuldades na recuperação das informações desejadas (execução de grande quantidade de restores) são os principais fatores responsáveis pela produção de calor inútil e indesejado. Produzir calor inútil e indesejado não significa apenas poluir o planeta, também significa pegar dinheiro bom e suado e transformar em cinzas. Pode ser afirmado que este tipo de situação é igual a fazer uma fogueira com notas de cem reais.

A integração cujo resultado é a nova TI assegura o completo cumprimento do objetivo da redução do impacto ambiental e financeiro das atividades de suporte da governança corporativa ao mesmo tempo em assegura que os recursos de TI estão integrados com os objetivos da organização e com a responsabilidade socioambiental. O ouro verde da governança da nova TI pode ser visualizado pela organização e comunidade através de um conjunto de indicadores que naveguem em diversos temas.

O planejamento da sustentabilidade da tecnologia trata e comunica os principais objetivos, premissas, direitos e deveres dos envolvidos da cadeia produtiva estendida de TI. Clientes e fornecedores fazem parte do plano. Os objetivos, direitos e deveres da organização de tecnologia devem ser derivados do plano diretor. O nível estratégico está também presente através das responsabilidades da direção e acionistas.

Não existe sucesso sem o entendimento do planejamento e capital intelectual adequado. Por isto, a comunicação e capacitação é um fator crítico de sucesso. O objetivo deve ser manter aberto um canal com a correta capilaridade para o desenvolvimento da adequada e necessária inteligência coletiva corporativa sobre sustentabilidade. A tecnologia é um fator habilitador para a empreitada, pois o ensino digital em tempo real (ou não) viabiliza a grande maioria das iniciativas.

Como não é possível estar em todos os lugares ao mesmo tempo, a boa gestão é caracterizada pela atuação em cima das exceções. Receber alarmes apenas quando os limites aceitáveis dos processos forem superados economiza muita energia e natureza. Por isto é fundamental que o monitoramento dos processos seja feito via soluções de tecnologias para que a gestão tenha ferramentas e mecanismos para agir proativamente ou corretivamente na operação, no nível de uso das boas práticas, no consumo de energia e na utilização dos recursos naturais. O trabalho baseado em alarmes consegue fazer que a gestão seja mais inteligente, abrangente e econômica.

Os desafios muitas vezes não estão dentro da própria casa. É preciso trabalhar com a cadeia de valor estendida olhando desde o fornecedor até os clientes. Ineficiências externas têm elevado poder de propagação e conseguem aumentar os custos e impacto ambiental da empresa. Entregas com atrasos são exemplos simples do poder de propagação das falhas externas. Em geral, os fornecedores têm o péssimo hábito de repassar as suas falhas, ineficiências, perdas e desperdícios para o comprador, por isto é preciso criar um ambiente em que os fornecedores prefiram resolver os seus problemas em vez de repassá-los.

O gerenciamento dos fornecedores precisa estabelecer os princípios da sustentabilidade e assegurar que eles sejam realidade durante o relacionamento entre as organizações. É evidente que este jogo só existe na prática quando as partes têm olhos de longo prazo para a relação. A melhoria contínua exige o pensamento de fazer bem ontem, melhor hoje e excelente amanhã. A escolha do produto e fornecedor não pode ser feita com olhos no curtíssimo prazo e menor preço aparente.

A sustentabilidade demanda pelo menor custo durante o ciclo de vida do produto ou serviço vendido, por isto é preciso escolher fornecedores preparados para jogar por um bom tempo. A requisição, convidando os fornecedores, precisa ter como resposta a avaliação do plano de negócio deles.

A clara contemplação da sustentabilidade financeira ambiental pode ser reflexo do plano de metas realizadas e futuras de redução da energia consumida pelo datacenter ou iluminação ou refrigeração. O ideal é que o fornecedor planeje chegar ao médio prazo com completa eliminação das perdas, desperdícios e ineficiências. É comum encontrar empresas com nível de efetividade energética acima de dois. Um nível de dois significa que para cada WATT gasto na produção direta do produto ou serviço outro WATT é gasto em processos auxiliares. Fornecedores com nível de efetividade energética próximo a um mostram saber profundo dos processos de negócio com poucas perdas, desperdícios e ineficiências e, portanto com baixo nível de custo operacional.

É natural encontrar nestas corporações contínua melhoria resultando em preços competitivos. Esta característica garante a sustentabilidade financeira ambiental do negócio e reduz o risco. Em função do menor risco o comprador pode trabalhar com menor nível de redundância e prêmio ao risco e com isto consegue aumentar a sua competitividade ao longo do tempo. O resultado final é a sustentabilidade financeira ambiental de toda a cadeia produtiva estendida.

É fácil perceber que o ouro da governança da nova TI vem com muita força no gerenciamento da sustentabilidade dos fornecedores. É mais uma daquelas situações em que a natureza e o bolso agradecem. É evidente que estamos novamente falando de ambiente dinâmico onde TI precisa automatizar a periodicidade da avaliação e gerar alarmes apenas nas exceções.

A central de serviços passa a ter um papel fundamental para a efetividade da gestão por exceções, pois é preciso assegurar de forma proativa a continuidade do serviço. Alarmes entregues com atraso ou não entregues tiram qualquer possibilidade de efetividade da gestão, aumentam os custos e impactam a natureza. Como o negócio só atua em função de alarmes tanto a sua ausência como a existência de falsos-positivos ou negativos torna a percepção e correção dos problemas lenta, nervosa e onerosa. Por isto, o gerenciamento de incidentes e problemas precisa operar com base nas boas práticas. Os especialistas em conjunto com a equipe da central precisam trabalhar com soluções adequadas para o contorno, causa raiz e comunicação.

Por outro lado, o excesso de comunicação gera para o gerenciamento por exceções lixo digital, e o gerenciamento de problemas precisa atuar proativamente no ambiente tecnologia de informações para minimizar o impacto na sustentabilidade.

O pleno gerenciamento da cadeia produtiva estendida exige o correto tratamento do cliente. A produção de lixo eletrônico exige, por exemplo, o adequado rastreamento dos produtos e serviços. A questão do descarte pode parecer em princípio apenas e tão somente uma questão ambiental, no entanto, uma avaliação holística mostra que estamos falando na pratica de ambiente, vendas e lucro.

O descarte inadequado pelo consumidor dos produtos da empresa volta para a organização como custo da perda da imagem corporativa. Se acontecer com o leitor (espero que seja apenas cena imaginária) algo que já tive o desprazer de presenciar na realidade, que foi encontrar uma pilha enorme de teclados jogados na rua em frente da minha residência, o desgaste da imagem do fabricante fica claro. A única coisa que ficou destacada além da enorme pilha de lixo foi o logotipo do fabricante. A foto enviada para que as autoridades competentes entrassem em ação deixou bem clara que a única informação do lixo, indevidamente descartado, era o nome do fabricante. É mais do que evidente que as autoridades atuaram, em relação à punição, com base na informação disponível. Neste caso, existiu uma perda concreta da renda da venda daqueles teclados, custos de defesa e gastos para recuperação da imagem.

Existe, portanto, um interesse financeiro do fabricante em rastrear os produtos vendidos e ter ferramental de defesa em casos de procedimentos inadequados do consumidor. No entanto, a questão renda não para por aí. O uso residencial de impressoras multifuncionais é um excelente exemplo sobre como o lixo eletrônico impacta o faturamento do fabricante.

Um equipamento desse porte, adquirido nas lojas por duzentos e cinquenta reais, em 2006, após quatro anos de uso, tem o seu valor depreciado para apenas 20% do seu valor de face em 2010. Foram quatro anos de uso e depreciação, por isto o valor residual atual da multifuncional é de cinquenta reais. O cartucho preto que custava em 2006 menos de trinta reais custa atualmente trinta e cinco reais. Logo, a necessidade de manutenção pelo término dos cartuchos de tinta preta e colorida vai gerar um custo acima de oitenta reais, que é mais de 60% do valor atual do bem.

Isto significa que do ponto de vista financeiro do consumidor é mais interessante ele descartar um equipamento com completa funcionalidade e comprar um novo, do que substituir os dois cartuchos de tinta. Até aí o fornecedor pode pensar que não existe problema para ele.

A questão é que por estar em completa funcionalidade e atendendo às expectativas do consumidor ele é resistente à questão descarte puro e simples. Não cabe na cabeça da média dos brasileiros que jogar fora algo funcionando é bom. Se levarmos em conta a questão ambiental, então, o descarte fica mais dramático ainda. A opção do consumidor em manter o equipamento evidentemente remete à situação de que ele não vai comprar uma nova impressora pelo fato de que não existe espaço físico para os dois equipamentos na residência dele.

Portanto, ele vai buscar outras formas para repor a tinta que acabou fora da compra de cartuchos. Em geral, o consumidor faz isto depois de descobrir que a doação do equipamento antigo para igrejas, entidades assistenciais, governos, parentes etc. é inviável em função dos custos envolvidos. Algumas vezes o custo do tempo é determinante.

O usuário mais consciente sabe que vender a multifuncional é uma operação de alto risco, pois o valor atual de mercado é muito baixo e o risco dele ter de arcar com custos elevados de reparo do equipamento após a venda é grande (atendimento do código de defesa do consumidor do Brasil). É nítido que a venda é simplesmente economicamente inviável. A maioria dos que enveredaram neste caminho arrependeram-se em pouco tempo. Literalmente, eles pagaram para vender.

Só resta, neste caso, o descarte. Se a opção for concreta e real, o consumidor vai poder descartar o seu lixo eletrônico destacando situação de total funcionalidade do equipamento e comprar um equipamento novo ao custo de ciclo de vida muito menor que a compra imediata de dois cartuchos. O benefício imediato é a maior efetividade energética da nova tecnologia refletindo em considerável redução da conta de energia elétrica. O fabricante que já investiu importantes recursos na conquista do cliente mantém o consumidor, os vendedores ganham as suas comissões e a natureza ganha pelo novo uso de um equipamento descartado.

Em todas as alternativas em que o descarte inteligente do lixo eletrônico não existe, o fabricante perde dinheiro. Quer seja porque ele não vende cartuchos, quer seja porque o cliente passa a ser assediado pelos outros fabricantes e ele precisa gastar mais dinheiro para manter o consumidor, quer seja porque ele perde dinheiro em imagem corporativa e na defesa da sua idoneidade ambiental.

Portanto, as questões sobre identificação e rastreamento dos produtos eletrônicos e seu respectivo descarte são do mais profundo interesse do fabricante. Soluções criativas, como estender ainda mais a cadeira produtiva no sentido da recepção de equipamentos e reciclagem, geram um ciclo de penetração no coração dos clientes, aumenta as vendas e incorpora no mercado digital excluídos que no médio prazo retornam na condição de novos consumidores.

Uma nova solução de negócio para as multifuncionais recicladas seria a criação de uma central para digitalizar imagens. Como pouco ou nenhum investimento é possível gerar empregos e renda em localidades mais carentes. O baixo custo permite preço barato e acessível dos serviços. A comunidade ganha com esta solução um novo caminho para resolver os seus diversos problemas do dia a dia, como, por exemplo, correção de contas erradas.

O ouro verde da governança da nova TI demanda seriedade operacional e conformidade com normas, regulamentações e leis formais e informais em contexto interno, externo, nacional e internacional. Em outras palavras é preciso gerenciar dinamicamente a aderência. O gerenciamento precisa trabalhar com a efetividade da conformidade, por isto, é preciso avaliar a correlação entre as normas e regulamentações nacionais e internacionais formais e informais envolvendo a sustentabilidade e os resultados em termos de economia de energia e dinheiro e descarte inteligente do lixo digital e eletrônico.

Como o assunto pode ganhar elevada complexidade em função da capilaridade e abrangência de mercados atendidos pela organização, pode ser interessante tratar as iniciativas no atacado via portfólio e escritório de projetos. O escritório deve estar preparado para apresentar os projetos em função dos resultados (parciais e finais) alcançados na sustentabilidade econômica ambiental.

A atividade rotineira de correlacionar a sustentabilidade alcançada com as normas, leis e regulamentações aderidas é feita na prática via auditoria. Aderir normas, melhores práticas, regulamentações etc. não significa ganhar automaticamente inteligência corporativa e competitividade. É preciso avaliar periodicamente a aplicabilidade e relevância das adesões em função dos objetivos do negócio. A maior parte das regulamentações é de adesão voluntária, por isto é preciso ter olhos direcionados ao que realmente importa para a empresa naquele momento. Uma vez definido o conjunto de regulamentações voluntárias e obrigatórias que a corporação deseja aderir é preciso assegurar o cumprimento delas conforme o planejamento. A auditoria deve avaliar os resultados através de objetivos de controles e comunicar com clareza a situação atual e futura de curto, médio e longo prazo.

Os objetivos de controle da auditoria precisam ser relevantes para a sustentabilidade organizacional, por isto os controles verdes têm que olhar o rendimento da função transformação de TI. Atuar na cadeia produtiva pensando no lixo eletrônico é sem sombra de dúvida uma atividade importante, mas ela não deve mascarar a relevância do ataque ao lixo digital. Informações inúteis são as entradas da produção do lixo digital, por isto é preciso ter foco no combate na origem. O gerenciamento da capacidade tem um papel de enorme importância no combate ao lixo digital, pois a busca do equilíbrio entre a oferta e a demanda deve ser feita considerando a eliminação das perdas, ineficiências e desperdícios.

Os critérios verdes da gestão precisam enfrentar a questão das informações inúteis na sua origem. Recursos de telecomunicações, rede, processamento, armazenamento, refrigeração, backups, restores, facilidades físicas entre outros são desperdiçados na produção de informações inúteis. O gerenciamento inteligente da capacidade consegue eliminar ou reduzir fortemente necessidades de aumento da oferta com ganhos de produtividade na função transformação de TI. A redução do lixo eletrônico e digital tem um gigantesco papel na sustentabilidade econômica ambiental das empresas. Menos lixo significa na prática mais dinheiro e natureza para investimento. A efetividade da sustentabilidade é resultado direto de ações e projetos inteligentes. O capital intelectual coletivo da organização é o fator crítico de sucesso na extração do ouro verde da governança da nova TI.

O ouro verde da governança da nova TI Verde está profundamente ligado com a redução no consumo de energia e por isto existem os que querem resumir a sustentabilidade verde de TI em termos de medalhas como "ENERGY STAR" para redução de energia, ou em uso de equipamento de baixo consumo. Alerto que a abordagem é de notório superficialismo, baixo poder intelectual e não entendimento do real problema. O menor consumo de energia é consequência das iniciativas e não pode em momento algum ser visto como o plano. Pensar apenas e tão somente em soluções de baixo consumo não ataca o gigantesco problema das informações inúteis.

Reduzir arbitrariamente a questão da TI Verde ao aquecimento global, recursos não renováveis consumidos e carbono (CO_2) despejado na atmosfera é também um estratagema ineficiente. A abordagem pode fazer com que exista a visão de inimizade entre a tecnologia e a natureza. O real problema não é a compra de um computador ou outro tipo de equipamento digital. A questão-chave é o uso. Um uso inteligente, recompensa o impacto ambiental com muita natureza.

É fato conhecido por todos que o simples nascimento de um ser vivo impacta o meio ambiente durante o ciclo de vida. É também claro que o ser gera diversos benefícios para a natureza, logo é fácil perceber que sempre que as vantagens forem maiores ou iguais ao impacto temos sustentabilidade.

É preciso evitar mitos e fantasias de que basta "desenergizar" a sociedade que automaticamente o ambiente vai deixar de ser onerado.

Pode acontecer exatamente o oposto. Os novos executivos de sustentabilidade não podem ignorar o crescimento do volume do lixo eletrônico em termos do impacto ambiental da manufatura, consumo, descarte e reciclagem dos produtos digitais, mas também não devem usar estes parâmetros como únicos. É preciso ter maturidade e capital intelectual para avaliar ao mesmo tempo os riscos, benefícios e impactos das iniciativas, pois nem sempre ações que parecem ser boas realmente são. Por exemplo, a reciclagem não inteligente da tecnologia pode provocar sérios danos ao meio ambiente pelos fluidos poluentes.

É preciso gastar energia com o rastreamento dos produtos digitais produzidos para que o descarte futuro seja monitorado, controlado, inteligente e sustentável. A governança verde da nova TI consegue alcançar a sustentabilidade financeira ambiental pelo acompanhamento dinâmico de todas as etapas do ciclo de vida dos produtos ou serviços. Informações inúteis deixam de ser neste contexto um vilão ambiental, pois ou deixam de existir ou não nascem.

O ouro verde vem de diversas origens, por isto é preciso olhar a cadeia produtiva de forma holística. Não é preciso ser engenheiro de produção para entender que as perdas, desperdícios e ineficiências da manufatura do fabricante vão resultar em preços maiores, menor ciclo de vida e disponibilidade dos equipamentos eletrônicos. Também não é preciso ter especialização em ambientalismo para saber que estes problemas impactam a natureza mais que o necessário.

No Brasil, os processos de manufatura das soluções digitais são considerados como segredos e são confidenciais até mesmo para muitos dos gestores das organizações, por isto, a organização de TI precisa buscar evidências da produtividade em outras frentes. O indicador preservação ambiental do fabricante oferece boas dicas sobre como está a capacidade competitiva desse fornecedor. Empresas com estações de tratamento dos resíduos industriais na fabricação dos circuitos eletrônicos com correto gerenciamento dos fluídos líquidos poluentes e que não contaminam a água e outros recursos naturais da comunidade local e em torno conseguem manter bons relacionamentos produtivos.

Empregados trabalham com vontade, entidades públicas locais, estaduais e federais colaboram com recursos financeiros baratos, inexistem passivos e multas trabalhistas, recursos importantes para a produção, como água são baratos e etc. Mesmo não sendo possível ter total domínio sobre a produção, é possível usar as evidências de preservação ambiental como critério para as decisões sustentáveis de TI. Esta alternativa é bastante realista e pé no chão, pois a elevada correlação entre otimização empresarial e preservação ambiental é facilmente verificada.

A seleção de fornecedores considerando os processos de produção preserva a natureza pelo descarte adequado de metais como chumbo e mercúrio, otimiza o consumo de combustíveis fósseis, produtos químicos e água. Poluir a água, descartar matéria-prima de forma inadequada, degradar a terra geram como consequência de médio e longo prazo aumento de custos via inflação, multas, redução da quantidade de mão de obra e etc. Vendas e mercados são perdidos por empresas que fazem este tipo de coisa, pois existem várias leis proibindo a participação deste tipo de fornecedor no mercado. A tradução de menos vendas é aumento do custo unitário do produto produzido e maior preço de longo prazo.

Os consumidores de energia elétrica e soluções digitais não devem ser vistos como arqui-inimigos do verde. Moradores em apartamentos sem energia elétrica perdem em pouco tempo a oferta de água pela interrupção das bombas levando a um processo de falta de sustentabilidade da vida. Comunicação, transporte, higiene são itens fortemente comprometidos pelo acesso inadequado a energia.

Portanto, é preciso refletir holisticamente sobre a importante questão da redução do consumo de energia e trabalhar com o conceito de consumo inteligente. A conquista de pequena melhoria de produtividade no quesito consegue produzir resultados espetaculares na sustentabilidade segundo os especialistas. A maior parte dos investimentos em estratégia e marketing busca educar os consumidores no tema ambiental através do foco no menor custo do ciclo de vida. O WALMART faz praticamente toda a sua publicidade televisiva com base na afirmação: "A natureza agradece e o bolso também". São centenas de exemplos de soluções sustentáveis que eles adotaram cujo resultado é repassado para o consumidor pelo menor custo operacional. Basicamente todas as economias estão relacionadas com a redução do consumo de energia. No entanto, é uma economia inteligente, pois geladeiras que precisam conservar a integridade dos produtos continuam a funcionar. O que parou foi a produção de calor inútil do processo.

A estratégia de criação da cultura em conjunto com menor preço e aumento da oferta de soluções ecologicamente corretas vem trazendo enorme retorno de investimento. A nova cultura cria espiral positiva na qual o poder de decisão do consumidor leva para seleção de produtos verdes atacando na origem o fator poluidor. O autoconhecimento pessoal e corporativo através de indicadores comparativo e ferramentas para calcular o impacto ao meio ambiente permitem que o consumidor de TI em casa e na empresa passe a ter um comportamento responsável em relação ao consumo de energia e lixo digital. Estratégias empresariais são elaboradas e executadas por pessoas. A maior consciência ambiental leva o capitalismo genérico mais um passo na direção do capitalismo keynesiano moderno.

O sucesso do cumprimento da norma europeia Waste Electrical and Electronic Equipment (WEEE), sobre o descarte do lixo elétrico e eletrônico é um bom exemplo sobre a questão sustentabilidade via conscientização. Diversas empresas de enorme poder econômico e político como Cannon, Nokia, Siemens etc. poderiam criar centenas de obstáculos para as iniciativas do velho continente. No entanto, todas elas estão apoiando e incentivando o desenvolvimento de padrões que a primeira vista vão contra os seus interesses. Investidores e observadores astutos e inteligentes já percebem que não estão sendo praticados atos de redução do lucro. Muito pelo contrário. As ações vão à direção de crescimento do lucro no curto, médio e longo prazo. Eventuais perdas de curtíssimo prazo são recompensadas com bons ganhos obtidos em prazos relativamente curtos.

O portal www.weeman.org é um bom exemplo de onde as pessoas e empresas conseguem obter evidências da produtividade verde. O portal oferece facilidades para calculo do impacto ambiental das diversas soluções digitais. O conhecimento do beneficio e respectivo impacto pelo usuário torna as suas solicitações de recursos adicionais mais objetivas. Claramente saímos neste cenário da situação onde o empregado imagina que não existe ônus para as suas solicitações de recursos corporativos. O pleno saber do impacto ambiental faz com os usuários avaliem com cautela muito maior e detalhada o que esta sendo solicitado e a sua real necessidade e utilidade para aumentar a sua produtividade no trabalho. Mesmo quando o usuário permanece achando erradamente que a conta de recursos solicitados desnecessários não é dele (ele paga a conta via menor salário ou prêmio ou bônus), o impacto ambiental age no sentido da correção. A maior responsabilidade verde individual e coletiva faz com que as avaliações de necessidades sejam mais racionais e menos emocionais. Em geral metade das solicitações deixam de ser geradas no primeiro momento pós pleno conhecimento do impacto ambiental de TI.

As organizações ganham muito com este tipo de abordagem, pois muito trabalho de avaliação é evitado tornando o processo mais ágil e tornam-se raras as atividades de rejeição por total falta de utilidade prática. A nova TI resultante desta simples transformação passa a ter ativos com extraordinária utilidade e, portanto, em permanente ciclo de redução do custo unitário de transação digital. Basicamente, o conhecimento pelo usuário do impacto ambiental e espaço natural produtivo requerido na manufatura e uso da solução digital melhora o poder de barganha, elimina solicitações desnecessárias, acaba com uma boa parte das informações inúteis na corporação, reduz custo de depreciação e capex e resulta em menor custo operacional, eliminação de perdas, desperdícios e ineficiências e aumenta a agilidade e resiliência do negócio. Nem sempre encontramos casos em que é tão nítido e claro o poder monetário e ambiental do conhecimento e capital intelectual superior.

Cada passo dado na direção verde mostra que a nova TI é uma estrutura entusiasmada, objetivando a maximização do lucro. O final do ciclo de vida das soluções digitais implica obrigatoriamente no descarte do produto eletroeletrônico. Mesmo no caso dos softwares temos esta realidade presente. No processo de instalação de qualquer software muitos arquivos do sistema operacional original são atualizados ou alterados e raramente a desinstalação consegue retornar a exata situação original. Quase sempre ficam pequenos pedaços de códigos que não tem utilidade alguma e consomem energia, processamento, memória e disco resultando em longo prazo no descarte eletrônico do computador por falta de capacidade. É evidente que o caso é extremo e muitas vezes o descarte é consequência de diversos outros fatores.

Também é claro que de uma forma ou outra chegamos a questão corporativa do descarte inteligente e ao problema da segurança das informações. Todos especialistas sabem que informações importantes podem ser recuperadas de computadores formatados fisicamente e por isto a reciclagem e continuidade da cadeia produtiva é ao mesmo tempo uma solução ecológica e econômica para a natureza, organização e sociedade. A reciclagem facilita muita economia na segurança de informações em função da enorme quantidade de dispositivos que armazenam dados.

Meramente jogar um celular ou computador ou até mesmo papel no lixo incorre em grave risco de segurança pelas facilidades e possibilidades de recuperação das informações deletadas. Com um investimento muito baixo é possível recuperar uma parte significativa de um disco reformatado.

O fato de a continuidade de uso assegurar que as informações que queremos manter como não públicas tenham realmente esta condição também faz com que a reciclagem tenha relevância estratégica para todas as organizações que vivem a nova TI.

Criar e executar processos inteligentes de final do ciclo de vida das soluções digitais em que o descarte seja uma entrada para a continuidade da cadeia produtiva não resolve apenas a questão ambiental. Muito dinheiro consumido na eliminação de fragilidades de segurança é economizado pelo maior controle do fluxo de informações. Dados preliminares mostram que mais de 11% dos orçamentos de segurança e TI são consumidos em atividades de destruição de dados.

É fácil perceber que a reciclagem é um processo dependente do saber profundo do negócio. O pleno conhecimento faz com que as lideranças empresárias busquem o melhor rendimento possível para o capital investido em TI (lembro que na maioria das empresas de usuários de tecnologia os gastos de TI representam o maior custo não operacional do negócio). Alguns podem achar que segurança é assunto apenas de empresas grandes, e para estes eu sempre alerto que o impacto do vazamento de uma informação valiosa em um pequeno negócio é imensamente mais grave que em uma grande empresa. Em geral o negócio é perdido.

É evidente que o consumo sustentável é consequência de fatores como educação e conscientização, mas eles não são por si sós fortes o suficiente para garantir o reaproveitamento dos dispositivos. A continuidade da cadeia produtiva para ser efetiva precisa trabalhar também com os manuais de utilização das soluções com olhos no perfil do mercado consumidor. É muito provável que para o primeiro consumidor a língua e forma de comunicação dos manuais originais não representem maiores barreiras, mas sejam graves restrições para o consumidor do produto usado.

Esta forma de enxergar o ciclo de vida das soluções digitais endereça em equilíbrio dinâmico as várias métricas e índices de consumo de energia, descarte de resíduos poluentes e uso de matéria-prima.

A questão do descarte precisa ser vista com olhos em outro fator pouco lembrado e mencionado. O espaço físico disponível para ser o descarte do lixo eletrônico é uma função com viés negativo. Em outras palavras, será preciso ter um espaço cada vez maior em função do tempo. Isto significa na língua do dinheiro que ele será cada vez mais caro. As novas leis como a recente sanção da Política Nacional de Resíduos Sólidos em 02/08/2010 pelo presidente do Brasil vão fazer com que exista um brutal aumento de custos no médio e longo prazo para os fabricantes que ignorarem a questão da inteligência no descarte.

O reaproveitamento do lixo eletrônico será para os fabricantes nacionais ou não uma questão de sobrevivência do negócio. Quanto menor o espaço disponível para descarte mais caro ele será, e as empresas com foco na continuidade na cadeira produtiva vão ter clara vantagem competitiva na questão custo operacional. Meramente, repassar o custo para o cliente significa perder mercado.

Fornecedores inteligentes vão buscar criar inteligência coletiva de mercado que alonguem o ciclo de vida das soluções, impedindo assim o problema de redução do tempo do descarte por obsolescência tecnológica e vão estruturar a arquitetura técnica de forma à favorecer a reutilização total ou de componentes. Não existem dúvidas de que o capital intelectual da nova TI consegue tornar a reciclagem do lixo eletrônico uma atividade economicamente viável ao mesmo tempo em que é ambientalmente correta.

A governança da nova TI é capaz de encontrar um ponto de equilíbrio das operações de reutilização em que o custo da reciclagem é inferior as outras formas e impacta menos o ambiente do que o mero descarte. O gestor da governança deve saber avaliar com clareza o ciclo completo e estabelecer desde o começo processos para minimizar o custo no final da fase de utilização. O alongamento do ciclo de vida e a continuidade do pós-consumo são inegáveis conquistas das ações dos cabeças de TI.

Existem muitas iniciativas verdes na governança da nova TI que trabalham a cadeia inteira de processos para reduzir o impacto do descarte dos equipamentos obsoletos. A organização de tecnologia está ciente do problema na sua total plenitude e está preocupada com o volume de lixo eletrônico descartado em lixões, aterros, ferro velho, centrais de incineração, unidades de reciclagem e coleta seletiva e doação.

É muito bem conhecido o valor das perdas das informações no formato lixo papel. Negócios morreram em função de perdas como essas. No mundo digital onde as informações estão estruturadas e cada vez mais existem facilidades para quebrar senhas e recuperar arquivos apagados, a preocupação do correto descarte deve ser multiplicada. Não mais falamos apenas de computadores.

Hoje em dia, informações operacionais valiosas estão gravadas em uma infinidade de dispositivos como celulares, computadores de mão, tarifadores, PABX, telefones etc. A gigantesca capacidade de comunicação atual dos dispositivos aumenta demais a complexidade da avaliação das informações armazenadas, por isto o custo de avaliar seletivamente as informações está em patamar proibitivo para praticamente todos os negócios. Não existem dúvidas de que é muito mais barato e rápido aplicar uma única e genérica política de destruição das informações para o descarte de todas as soluções digitais. O problema deste estratagema é que o seu custo alcançou um patamar alto com nível de crescimento explosivo.

Em outras palavras, o mero descarte digital introduz elevado risco de segurança e o descarte com destruição das informações ficou caro demais. Claramente, é preciso aumentar a inteligência do processo, e a Norma NBR 10.004 é um grande aliado para o desafio. A definição do Lixo Tecnológico como Classe 1 (contaminante e tóxico) mostrou que a sustentabilidade ambiental é capaz de abrir um novo caminho para a necessidade de reduzir o custo do descarte das informações do negócio.

A norma determina que o lixo eletrônico seja descartado em aterros industriais específicos, que necessitam de mantas impermeáveis e diversas camadas de proteção para evitar a contaminação do solo e águas. Esta necessidade ambiental cria um ambiente perfeito para controlar o descarte e criar um elo de entrada para uma nova cadeia produtiva.

O custo do espaço do terreno estimula a verticalização do aterro e favorece ainda mais a nova cadeia por permitir especialização e ganhos de escala. Este novo arranjo permite que os executivos de sustentabilidade, informações e segurança escolham um gerenciador de aterro que (i) atenda a todas as necessidades de segurança, ambientais e monetárias e (ii) reduza o nível de riscos e despesas.

A exploração das oportunidades pela nova cadeia produtiva resulta em um negócio com atividade fim viável, de alta sustentabilidade financeira e ambiental ao longo do tempo e gerador de soluções de boa qualidade e durabilidade. Este novo e excitante empreendimento consegue completar a função utilidade dos componentes eletrônicos de tal forma que a sua durabilidade é aumentada e as ineficiências, perdas e desperdícios da sua utilização são reduzidas.

Menos avisados podem erroneamente achar que a mola matriz do sistema capitalista está sendo destruída por este estratagema e que o espírito animal dos empresários está sendo aniquilado.

Conforme demonstrado por todas as correntes de pensadores econômicos é a criação ou existência de restrições nas condições de contorno do sistema capitalista que o destrói. Demonstramos que a ruptura no caminho natural do uso das soluções digitais é uma restrição com impacto tão forte que inibe as vendas. O exemplo do descarte é um clássico de mercado.

A questão da sobrevivência do capitalismo passa muito longe da visão exclusiva de curtíssimo prazo. A alma do sistema capitalista é produtividade e ganho de escala. Por isto ele é parte da nossa vida por tanto tempo. Em outras palavras, estamos falando da maximização da função utilidade.

Todas as iniciativas que eliminam as perdas, desperdícios e ineficiências favorecem na prática a sustentabilidade do sistema capitalista, pois ciclos virtuosos de crescimento são gerados. Um bom exemplo da espiral positiva de crescimento capitalista é a virtualização. A solução claramente maximiza a função utilização de diversos componentes eletrônicos e mecânicos permitindo o processamento de vários sistemas, serviços e servidores em um único computador com drástica redução do consumo de energia. É bastante evidente que esta nova forma de pensar e agir demanda pela correta e adequada política de descarte e continuidade da cadeia produtiva. Caso não exista equilíbrio econômico na solução, ela simplesmente fica parada na gaveta dos executivos e a venda de virtualização é restringida. Na prática é possível afirmar que o capitalismo digital precisa do correto pós-uso para sobreviver.

A continuidade da cadeia produtiva exige a participação de diversos atores como organizações não governamentais (ONGs), pequenos empreendedores, SEBRAE, FIESP etc. comprometidos com a sustentabilidade ambiental e monetária da cadeia nova TI. É preciso o estabelecimento em algum nível de planejamento de tecnologia verde atendendo as metas e objetivos do arranjo produtivo, comunidade, governo e sociedade. Planos de negócios, mesmo de organizações sem fins lucrativos de todos os membros da cadeia, são instrumentos fundamentais para declarar e documentar as intenções das instituições. As sinergias ecofinanceiras vão aparecer pela adequada responsabilização dos envolvidos em primeiro e segundo grau. A evidenciação dos papéis e responsabilidades em todas as etapas do ciclo de vida da solução digital permite que os jogadores (fabricante, importador, distribuidor, governo e consumidor) joguem em situação de ganha-ganha.

A sanção presidencial da regulamentação do resíduo sólido determina o comportamento da indústria de TI em conjunto com o princípio da responsabilidade que estabelece que o poluidor (pessoa física ou jurídica) responde por ação ou omissão sobre prejuízo ambiental no âmbito civil, penal e administrativo. A lei é um poderoso catalisador da transformação comportamental na direção da nova TI. O processo de descarte precisa, para ser rastreável, inteligente e efetivo, de um mecanismo formal comunicado e acordado entre os membros da cadeia, para que cada um dos agentes reconheçam o seu papel.

Pontos de venda podem ser agentes facilitadores do processo pelo contato com o cliente e pela oferta de benefícios globais como recolhimento identificado. Neste caso estamos falando da compra com descarte identificado do equipamento antigo. Condições de funcionalidade em conjunto com entrega de manuais e demais acessórios são entradas de enorme valor para a continuidade do ciclo de vida do produto digital. A obsolescência tecnológica não deve ser vista como uma grandeza absoluta. Coisas obsoletas para alguns poucos podem ser ainda uma completa novidade para muitos. Isto é inclusão digital na pratica.

A gestão de sustentabilidade do descarte em nível adequado tem o poder de agregar valor para todos os membros da cadeia produtiva. Não existe solução de melhor relação entre o custo e beneficio do descarte das informações corporativas estruturadas na totalidade ou em parte do que reinstalação do sistema operacional original seguida da continuidade de uso. Os próprios processos internos inerentes ao uso normal do equipamento vão permitir a completa destruição das antigas informações armazenadas de forma segura e controlada com custo extremamente baixo.

A gestão corporativa facilmente percebe este valor, e o gerenciamento do marketing pode adicionar um saboroso tempero extra na medida em que é convenientemente explorada a oportunidade das questões sobre inclusão social, redução de custos e respectivo repasse para os preços e preservação ambiental na conquista do coração e fidelização dos clientes. A certeza da existência de um sólido e permanente processo pós-venda e consumo, no qual o cliente é suportado e direcionado nas suas necessidades de descarte, aumenta a satisfação com a solução digital e abre as portas para um contínuo ciclo virtuoso de vendas.

A coerente e robusta conformidade regulatória em termos de situação atual e tendências são sem sombra de dúvidas uma das mais poderosas armas de aumento da renda e preservação ambiental da nova TI. Por isto, é muito importante que a corporação incorpore no seu capital intelectual coletivo os principais modelos regulatórios nacionais e internacionais. O trabalho proativo com as tendências de curto, médio e longo prazo das regulamentações torna possível para a organização da nova TI a economia de centenas de milhares de reais por ano.

Mesmo não sendo um instrumento com força de lei no Brasil, o selo verde criado pela USP é um interessante ponto de partida para fabricantes e consumidores sobre o que deve ser pensado e avaliado no território nacional. Do ponto de vista globalização é importante considerar, entender e endereçar em algum nível as seguintes normas:

FABRICAÇÃO

Restriction of Certain Hazardous Substances (ROHS) 2002/95/EC. Diretiva Europeia de 1 de julho de 2006, que obriga os países-membro a adotarem ações de proteção contra as substâncias perigosas nos processos de fabricação (cádmio, mercúrio, cromo hexavalente, bifenilos polibromados, éteres difenilpolibromados e chumbo). A diretiva ROHS limita o uso de certas substâncias na indústria da União Europeia, ou importados dos Estados Unidos, China, Nova Zelândia etc. Mais detalhes em http://eur-lex.europa.eu/LexUriServ/LexUriServ.do?uri=OJ:L:2003:037:0019:0023:EN:PDF (acessado em 10/08/2010)

CONSUMO, DESCARTE E RECICLAGEM

Waste Electrical and Electronic Equipment (WEEE) 2002/96/EC. Diretiva europeia que regulamenta os deveres e responsabilidades sobre lixo eletrônico, coleta, comunicação com mercado e existência de selos informativos nos produtos sobre o descarte.

Da mesma forma que existiu o pensamento por alguns no anos 1990, no Brasil, que a qualidade aumentava os custos, também existe agora a imaginação que os produtos verdes devem ser mais caros. O mesmo raciocínio usado e comprovado na prática na questão qualidade vale aqui também. A sustentabilidade ambiental durante o ciclo de vida das soluções digitais reduz os custos de longo prazo pelo efetivo gerenciamento do tratamento dos resíduos perigosos. É bastante evidente que a entrada ou manutenção no mercado europeu demanda pelo atendimento das normas e regulamentações deles e existe volume para ganhos de escala.

Alguns estados brasileiros, com forte perfil exportador ou turístico, disciplinaram a responsabilidade do pós-consumo digital visando conquistar e manter mercados. Exportadores de carne, soja, laranja, serviços etc. estão trabalhando toda cadeia produtiva para explorar as oportunidades e conquistar novos mercados. O lixo eletrônico é parte do problema e oportunidade. Existem diversas leis já aprovadas ou ainda formatadas como proposta para a questão lixo digital.

1. **CONSTITUIÇÃO FEDERAL.** Promulgada em 1988. Determina que a coletividade tem o dever de defender e preservar o meio ambiente.
2. **POLÍTICA NACIONAL DE RESÍDUOS SÓLIDOS.** Sancionada em 02/08/2010. Determina que as empresas devam ter um sistema de coleta, reciclagem e destinação do lixo eletrônico aprovado pelo órgão ambiental competente. Os infratores são penalizados com proibição de importação ou da renovação das licenças ambientais. A política determina que a responsabilidade sobre a coleta, reciclagem e descarte é da alçada e competência do fabricante ou importador dos produtos eletroeletrônicos, e o comércio e distribuidor têm o papel de ser o ponto intermediário do descarte até que o fabricante ou importador realize a coleta.
3. **PROJETO DE LEI (PL 4438/1998).** Constitui a responsabilidade também do consumidor sobre os produtos eletrônicos, estabelecendo que os consumidores dos produtos que resultem em lixo tecnológico devem devolver os resíduos, conforme as instruções da embalagem.

As leis estaduais de responsabilidade ambiental solidária complementam o arcabouço jurídico ao punir com multas a disposição "ao ar livre" de produtos tecnológicos, ou seja, as empresas poderão ser punidas pelo descarte inadequadamente o lixo eletrônico pelo consumidor.

- ◆ **São Paulo.** Projeto de lei nº 33/2008 e lei nº 13.576/09 abrangendo a responsabilidade solidária entre indústria, comércio e importadores. A Lei nº 13.576/2009 sancionada em 07 de julho de 2009 obriga que as empresas reciclem ou reutilizem os produtos eletrônicos vendidos.
- ◆ **Rio de Janeiro.** Projeto de lei nº 1937/2004 abrangendo industrialização e comercialização
- ◆ **Paraná.** Lei nº 15.851/2008 abrangendo industrialização e distribuição

- **Santa Catarina**. Lei nº 13.557/2005 abrangendo comércio, importação e manufatura
- **Bahia**. Projeto de lei nº 16.800/2007 abrangendo manufatura e comércio
- **Mato Grosso**. Lei nº 8.876/2008 abrangendo comércio, assistência técnica e indústria
- **Ceará**. Projeto de lei nº 426/2007 abrangendo industrialização e comercialização

CONCLUSÕES

Existe arcabouço jurídico para a responsabilidade solidária entre fabricante, importador, distribuidor e vendedor pelo descarte do lixo eletrônico. O consumidor participa do processo ao ser incentivado ao descarte adequado dos produtos eletrônicos.

É importante ter lei federal regulamentando detalhadamente as obrigações dos estados e municípios e estabelecendo critérios verdes que devem ser adotados pelos cidadãos. Incentivos financeiros e fiscais para as empresas são bons catalisadores para efetiva adaptação aos padrões de sustentabilidade tecnológica.

Capítulo 5
Sustentabilidade da Nova TI

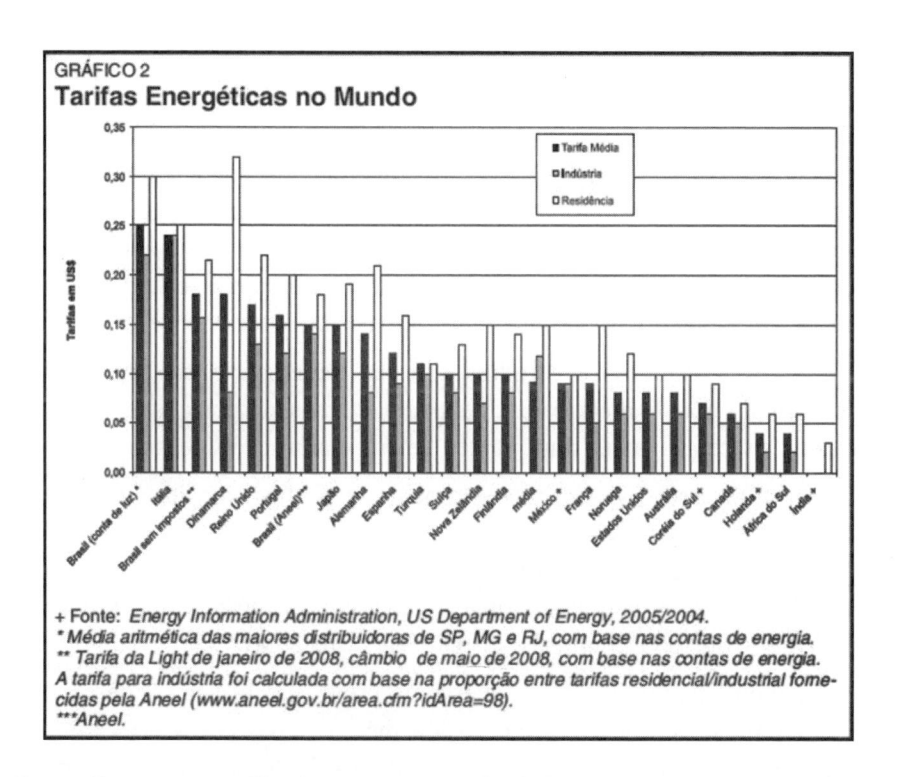

GRÁFICO 2
Tarifas Energéticas no Mundo

[Gráfico de barras mostrando Tarifa Média, Indústria e Residência para diversos países: Brasil (conta de luz)*, Itália, Brasil sem impostos**, Dinamarca, Reino Unido, Portugal, Brasil (Aneel)*, Japão, Alemanha, Espanha, Turquia, Suíça, Nova Zelândia, Finlândia, média, México*, França, Noruega, Estados Unidos, Austrália, Coréia do Sul*, Canadá, Holanda*, África do Sul, Índia*]

+ Fonte: *Energy Information Administration, US Department of Energy, 2005/2004.*
* *Média aritmética das maiores distribuidoras de SP, MG e RJ, com base nas contas de energia.*
** *Tarifa da Light de janeiro de 2008, câmbio de maio de 2008, com base nas contas de energia. A tarifa para indústria foi calculada com base na proporção entre tarifas residencial/industrial fornecidas pela Aneel (www.aneel.gov.br/area.cfm?idArea=98).*
*** *Aneel.*

Fonte: **Por que as tarifas foram para os céus? Propostas para o setor elétrico brasileiro, revista do BNDES, Rio de Janeiro, v. 14, n. 29, p. 435-474, jun. 2008.**

DESAFIOS DA NOVA TI

O mercado corporativo vem conquistando enormes avanços na questão sustentabilidade ecomonetária nos últimos anos, mas ainda existem enormes desafios que precisam ser rapidamente superados para que a efetividade energética dos datacenters seja realidade.

Os cinco desafios que as empresas precisam superar com maior urgência para serem efetivas no consumo de energia e natureza estão relacionados com atitudes, atitudes e atitudes. A lista de pendências em execução pelos datacenters é bastante abrangente e os obstáculos, dificuldades e desafios claramente demandam pela criação de inteligência coletiva de mercado e capital intelectual corporativo.

Diversos executivos e estudiosos estão trabalhando nas questões de ordem geral, mas é preciso que cada um de nós participe das conversas para que os temas mais importantes sejam classificados e superados.

A nova TI precisa de definições globais. É preciso sair do lugar comum de tecnologias e entender que o foco são as informações. Para muitos TIC trata apenas de hardware, software, datacenter e transporte de dados. Esta forma antiquada de pensar restringe demais a percepção da magnitude da tecnologia e as oportunidades de negócios sustentáveis.

É também importante que o acesso as previsões de vendas de servidores, computadores, softwares etc. sejam melhoradas. As decisões políticas precisam estar pautadas no correto entendimento do crescimento das vendas e utilização de soluções modernas efetivas e de baixo consumo energético. As mídias sociais já fazem parte do dia a dia da maioria das pessoas no Brasil. A enorme quantidade de energia consumida precisa ter algum sentido prático. É preciso informar ao consumidor de forma simples sobre o consumo de energia destas mídias em termos monetários e ambientais.

A nova TI por ser focada no valor agregado e utilidade das informações precisa de profissionais qualificados e experientes para ajudar as corporações no ajuste das estruturas e com olhos na efetividade energética e sustentabilidade ecomonetária. O elevado capital intelectual individual e coletivo da nova TI será recompensado com pacotes de bônus, incentivando, assim, a retenção de talentos e evitando perdas desnecessárias na renda. Este modelo de negócio exige uma redefinição da estrutura e forma de trabalho das áreas de recursos humanos, finanças e TI para o conjunto colaboração, capital intelectual, meritocracia e lucro. O envolvimento amplo de profissionais no processo de desenvolvimento das recompensas é fundamental para que a abordagem mantenha foco no mérito. Todos sabem que somente uns poucos estão preparados para o jogo e eles devem ser recompensados por tal empenho de forma diferenciada e proporcional.

Apesar do necessário foco na energia, a questão da disponibilidade de água não pode ser ignorada ou negligenciada. Ela é uma ameaça iminente e real em diversos locais em que os recursos físicos de tecnologia estão presentes. A escassez de água já é um problema grave e será muito maior nos próximos anos. Técnicas de reutilização da água são tão importantes para a sustentabilidade quanto a construção de fontes de energia. É preciso planificar de forma organizada no âmbito da política pública nacional a localização dos grandes datacenters brasileiros para que exista alívio e controle dos principais pontos de tensão em termos de energia e água.

A sustentabilidade ecomonetária só vai ocorrer quando for possível olhar a nova TI na mesma perspectiva do moderno agronegócio. A criação de um cinturão de datacenters com adequada oferta de energia, água, recursos humanos etc. permite o desenvolvimento de novas cadeias produtivas com geração intensa de empregos de qualidade e elevado nível de preservação ambiental. A resultante é um custo por transação extremamente baixo viabilizando aumento de lucro para os investidores.

A nova TI já avançou muito, mas tem um extraordinário espaço para novas investidas e ideias e pode fazer pelo planeta um bem sem precedentes na breve história dos brasileiros. Empregos, renda, natureza, inteligência e colaboração são cinco coisas básicas que podemos esperar dos desafios enfrentados pela governança da nova TI verde. Muito mais que um mero modismo passageiro, estamos falando de atitudes e comportamentos saudáveis.

MELHORES PRÁTICAS DE REDUÇÃO DE ENERGIA

Todos reconhecem que a energia elétrica custa muito dinheiro. Celulares, telefones sem fio, computadores, IPods, IPads e outros dispositivos eletrônicos conectados na rede elétrica consomem muita energia elétrica e dinheiro. A competitividade das empresas no Brasil é fortemente impactada pelo elevado custo do KWH. O gasto em energia elétrica das empresas no Brasil é muito maior que o dos seus respectivos concorrentes com sede em outros países.

TABELA 1
Comparação das Tarifas Internacionais de Eletricidade

PAÍS	TARIFAS DE ELETRICIDADE 2007 (US$)		TARIFA MÉDIA	VARIAÇÃO EM US$ DA TARIFA RESIDENCIAL ENTRE 1998 E 2007 ++
	Indústria	Domicílio		
Brasil (conta de luz) *	0,22	0,30	0,25	87% e 175% desde 1995
Itália	0,24	0,25	0,24	25%
Brasil sem impostos **	0,16	0,21	0,18	idem
Dinamarca	0,08	0,32	0,18	52%
Reino Unido	0,13	0,22	0,17	83%
Portugal	0,12	0,20	0,16	32%
Brasil (Aneel)***	0,14	0,18	0,15	Idem
Japão	0,12	0,19	0,15	1%
Alemanha	0,08	0,21	0,14	33%
Espanha	0,09	0,16	0,12	6%
Turquia	0,10	0,11	0,11	43%
Suíça	0,08	0,13	0,10	-2%
Nova Zelândia	0,07	0,15	0,10	107%

(continua)

Finlândia	0,08	0,14	0,10	43%
México +	0,09	0,10	0,09	119%
França	0,05	0,15	0,09	17%
Noruega	0,06	0,12	0,08	81%
Estados Unidos	0,06	0,10	0,08	21%
Austrália	0,06	0,10	0,08	44%
Coréia do Sul +	0,06	0,09	0,07	50%
Canadá	0,05	0,07	0,06	23%
Holanda +	0,02	0,06	0,04	98%
África do Sul	0,02	0,06	0,04	44%
Índia +		0,03		47%
médias	0,12	0,15	24%	49,6%

Fonte: *International Energy Agency, KeyWorld, 2007*.
* Média aritmética do valor cobrado nas contas de luz das maiores distribuidoras dos principais estados em termos de consumo: SP, MG e RJ (mais de 60% do consumo nacional de energia ocorre no Sudeste). Consideramos que esse é o melhor indicador que encontramos para definir uma tarifa média para o consumidor no país. Infelizmente, por falta de transparência, a Agência Nacional de Energia Elétrica (Aneel) não disponibiliza em seu site o valor cobrado nas contas de luz pelas distribuidoras, mas apenas médias e valores líquidos de certos impostos e tributos e em geral calculados de forma que parece pouco transparente e pouco clara. A tarifa industrial foi estimada com base na relação entre tarifas residenciais e industriais para o Sudeste encontrada no próprio site da Aneel (www.aneel.gov.br/area.cfm?idArea=98).
** Tarifa líquida dos impostos indiretos (ICMS até 25% e PIS/Cofins, 5,5%) e os encargos setoriais de 10,83% (total de 41,35%). Esse valor mostra o quanto nossas tarifas estão altas, pois, mesmo cortando todos os impostos e encargos, a tarifa ainda seria a segunda maior do mundo.
*** Valor divulgado pela Aneel para o Sudeste (www.aneel.gov.br/area.cfm?idArea=98). Não consideramos esse valor o mais adequado para as comparações internacionais de tarifas, porque é muito inferior às tarifas que são de fato cobradas nas contas de luz das principais distribuidoras da região. A Aneel não divulga a tarifa cheia e, provavelmente, exclui encargos e impostos e calcula as médias de forma que não parecem muito claras e transparentes. Todavia, mesmo esse valor já é muito elevado e seria o quinto do mundo entre os países com informação disponível.
+ *Energy Information Administration, US Department of Energy, 2005/2004.*
++ *KeyWorld 2007* e *Energy Information Administration, US Department of Energy, 2005/2004 e 1998* e, no caso brasileiro, IPCA/IBGE – preços monitorados – energia elétrica.

Fonte: Por que as tarifas foram para os céus? Propostas para o setor elétrico brasileiro. revista do BNDES, Rio de Janeiro, v. 14, n. 29, p. 435-474, jun. 2008.

GRÁFICO 2
Tarifas Energéticas no Mundo

+ Fonte: Energy Information Administration, US Department of Energy, 2005/2004.
* Média aritmética das maiores distribuidoras de SP, MG e RJ, com base nas contas de energia.
** Tarifa da Light de janeiro de 2008, câmbio de maio de 2008, com base nas contas de energia.
A tarifa para indústria foi calculada com base na proporção entre tarifas residencial/industrial fornecidas pela Aneel (www.aneel.gov.br/area.cfm?idArea=98).
***Aneel.

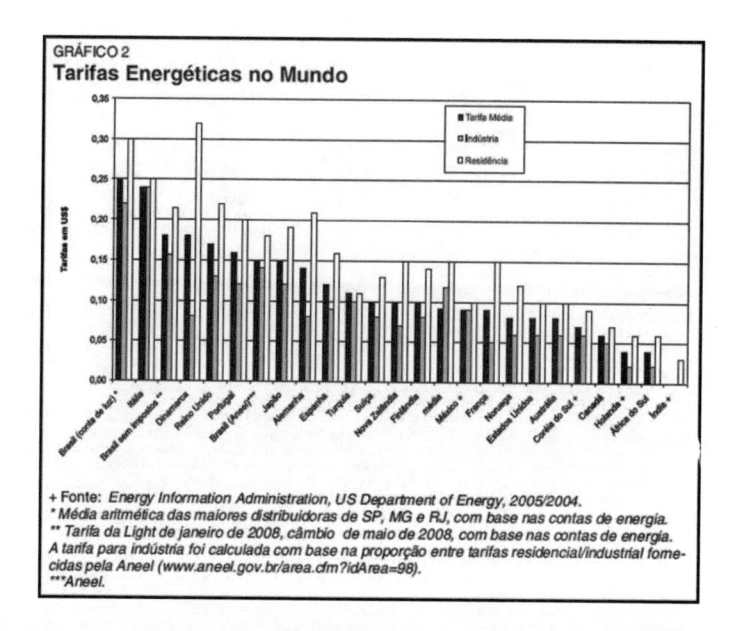

Fonte: Por que as tarifas foram para os céus? Propostas para o setor elétrico brasileiro, revista do BNDES, Rio de Janeiro, v. 14, n. 29, p. 435-474, jun. 2008.

TARIFA DE ENERGIA ELÉTRICA NO BRASIL É A MAIS CARA DO MUNDO
Comparação, publicada em artigo de economistas do BNDES, foi feita entre 22 emergentes e desenvolvidos

País	Valor
Brasil	0,430
Itália	0,412
Brasil (sem impostos, mas com encargos)	0,309
Reino Unido	0,292
Portugal	0,275
Alemanha	0,240
Espanha	0,206
México	0,154
França	0,154
Estados Unidos	0,137
Coreia do Sul	0,120
África do Sul	0,068
Índia	0,051

Evolução da carga de tributos e encargos sobre a conta de luz no Brasil, em %
1999: 40,23 | 2002: 35,91 | 2005: 43,70 | 2008: 45,08

COMPOSIÇÃO DO PREÇO AINDA É CAIXA-PRETA
De cada R$ 100 da sua conta...

R$ 13,91 são tributos federais (como Cofins, Imposto de Renda, PIS/Pasep)
R$ 20,80 são tributos estaduais (ICMS)
R$ 0,02 são tributos municipais (ISS)
R$ 1,56 são encargos trabalhistas (INSS e FGTS)
R$ 8,78 são encargos setoriais (para universalização, estímulo a fontes alternativas e subsídio a termelétricas em sistemas isolados)

O restante, R$ 54,93, é usado para:
> Compra de energia
> Custeio de operação e manutenção das distribuidoras
> E remuneração do capital investido, um dos pontos obscuros do setor elétrico

*Residencial e industrial
Fontes: Revista do BNDES Nº 29 e Instituto Acende Brasil

Fonte: Tarifa alta é culpa dos Estados, diz governo.
Jornal FOLHA DE SÃO PAULO, 18/09/10, Mercado B4.

Os números divulgados sobre o gasto de energia em Tecnologia de Informações (TI) nos datacenters nacionais ainda não estão em nível de maturidade elevado e por isto não são confiáveis. No entanto, sempre é possível estimar a realidade brasileira através das nossas semelhanças com o mercado norte-americano. Eles têm números bons o suficiente para ser uma referência de ordem de grandeza para nós.

O relatório de 2006 sobre a eficiência energética dos datacenters publicado pela U.S Environmental Protection Agency´s (EPA´s) mostrou que o total de energia consumido representa 1,5% do total do mercado norte-americano.

No Brasil, é bem possível que o percentual seja bem maior que o dos Estados Unidos em função do baixo consumo residencial de energia elétrica. Tanto a questão participação relativa no consumo, como os elevados valores dos gastos de energia representam uma gigantesca barreira na competitividade nacional.

As empresas no Brasil precisam enfrentar (e vencer) ao mesmo tempo o desafio do elevado gasto monetário em energia e o forte desgaste de imagem provocado pelo elevado impacto ambiental da infraestrutura de TIC. As elevadas tarifas do KWH em relação aos outros países fazem com que o orçamento corporativo de energia do datacenter de diversas empresas no Brasil seja muito maior que o orçamento de investimento em TI.

A questão deste custo elevado no Brasil adquire contornos de dramaticidade quando analisamos o consumo anual de energia elétrica, pois trabalhamos com tarifas quase três vezes maiores que a norte-americana. O mundo inteiro produziu em 2006 18,18 PWH. O Brasil produziu 0,40 PWH, ou seja, 2,2% do total mundial. No ano de 2005, os datacenters dos Estados Unidos consumiram 45 TWH. O consumo mundial de energia dos datacenters foi de 123 TWH.

A organização brasileira de TI pode com medidas simples oferecer uma enorme oportunidade de competitividade, pois é consumido entre 4 e 10% do orçamento de TI em energia. Medidas simples de médio e longo prazo podem evitar a provável explosão deste gasto nos próximos cinco anos.

INICIATIVA NOVA TI	ECONOMIA EM KWH	% ECONOMIA
Refrigeração inteligente	200	18
Virtualização servidores	156	14
Uso de fontes de alimentação com eficiência elevada	141	12
Uso das facilidades de gerenciamento de energia	125	11
Uso de processadores de baixo consumo	111	10
Uso de ventiladores com velocidade variável	79	7
Adoção das melhores praticas de refrigeração	24	2
Uso de servidores Blade	8	1

Apagões, aumento dos custos são consequência do enorme crescimento do consumo de energia elétrica, por isto é fundamental lembrar a importância de trabalhar com a qualidade da demanda. O foco apenas em aumentar a oferta de energia resulta na maioria dos casos em forte impacto na natureza e desperdício. O resultado do estratagema qualidade da demanda é muito positivo no bolso das corporações e na redução do impacto na natureza.

O estudo da Fundação Getúlio Vargas de 2007 mostra que o orçamento de TI representa 5,7% do faturamento das empresas. Isto significa que uma empresa de grande porte com faturamento anual de R$ 1 bilhão investe em média R$ 57 milhões em Tecnologia de Informações e Comunicações. Como o gasto de energia corresponde em média a 7% do orçamento de TI, ou seja, R$ 3,99 milhões, isto significa que uma pequena e simples iniciativa de eliminação das perdas da fonte de alimentação consegue economizar R$ 478.800 por ano. Uma única iniciativa na linha da nova TI consegue em diversos casos pagar a folha anual de pagamento da organização de tecnologia.

CAPÍTULO 5 – SUSTENTABILIDADE DA NOVA TI

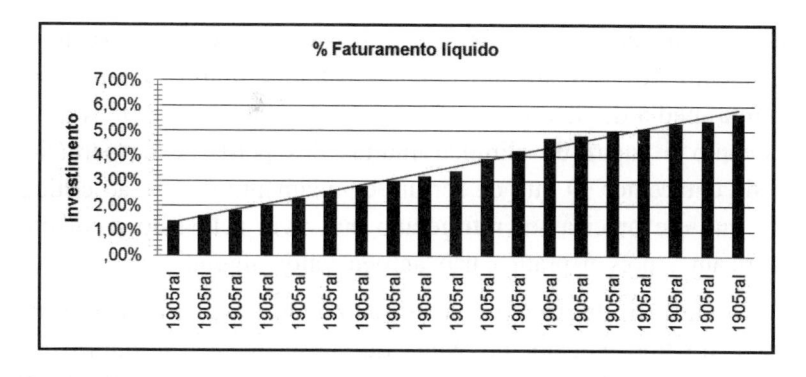

Investimento em tecnologia no Brasil. Fonte: Fundação Getúlio Vargas.

A inteligência de TI deve estar presente em todos os momentos. Por exemplo, é perfeitamente possível minimizar o consumo de energia para a iluminação do datacenter através da minimização ou desligamento da luz artificial em função da luz natural ou ausência de pessoas. O uso carregadores inteligentes para celulares, notebooks etc. que interrompem o consumo de energia quando os dispositivos não estão conectados, são exemplos de como é possível economizar muito dinheiro nas micro e pequenas sem causar nenhum impacto nas suas atividades.

O CTP é, sem sombra de dúvida, uma arma de grande impacto para economizar os escassos recursos corporativos, mesmo quando o datacenter é terceirizado. Por isto, é muito importante conhecer a situação do consumo de energia do fornecedor, pois sempre existe a possibilidade de estar gastando mais do que necessário na terceirização em função do desperdício energético do fornecedor.

A monitoração do consumo deve ser feita através de ferramentas automáticas que mostrem a situação do calor produzido, pois ele é um efeito indesejado do processamento que só representa aumento de custo. É preciso evitar que algumas áreas fiquem inutilmente superrefrigeradas apenas porque existem equipamentos de missão critica nela.

O desafio da organização de tecnologia é dar a César o que é de César, ou seja, é preciso tanto minimizar a produção de calor indesejado quanto não exagerar na refrigeração dos equipamentos. É comum encontrar casos em que o fornecedor especificou o intervalo da temperatura ideal de funcionamento do equipamento em um patamar muito maior do que a temperatura média do datacenter. Este pequeno ajuste em termos do pleno conhecimento é capaz de eliminar muitas das perdas e desperdícios de energia do datacenter. O fato de ser um equipamento de missão critica não significa que ele precisa ser refrigerado em nível acima do recomendado pelo fabricante, pois a prática não agrega valor algum.

Uma forma fácil de perceber onde estão as perdas é a utilização de um dispositivo do tipo matador de Watts que custa menos de quinze reais e mostra o consumo dos computadores, monitores, celulares, IPods, IPads etc., de forma simples e fácil.

O site Monitor power consumption calculator (http://downloads.techrepublic.com.com/5138-10589-5698031.html, acessado em 13/10/2010) apresenta uma calculadora que permite a comparação do consumo de energia dos diversos tipos de monitores.

Após mapear, entender e conhecer onde estão as perdas e desperdícios é preciso adotar medidas para a sua erradicação. Uma prática simples que sempre gera enormes benefícios é a eliminação do backup de dados estáticos. Muito esforço de processamento e largura de banda pode ser eliminado sem perda alguma para o negócio pelo simples fato de não fazer o backup do mesmo arquivo milhares de vezes por ano.

Apenas adotando o simples estratagema de não fazer diversas cópias de segurança das mesmas informações é possível reduzir em mais de 20 vezes o consumo de processamento, largura de banda e energia.

A virtualização dos servidores é um caminho que pode economizar até 50% da energia consumida pelo datacenter. O anexo B mostra um projeto de virtualização de servidores que reduziu ao mesmo tempo o gasto de manutenção de TI e de energia elétrica. O número é grandioso porque existiam muitas perdas e desperdícios na arquitetura de servidores do datacenter.

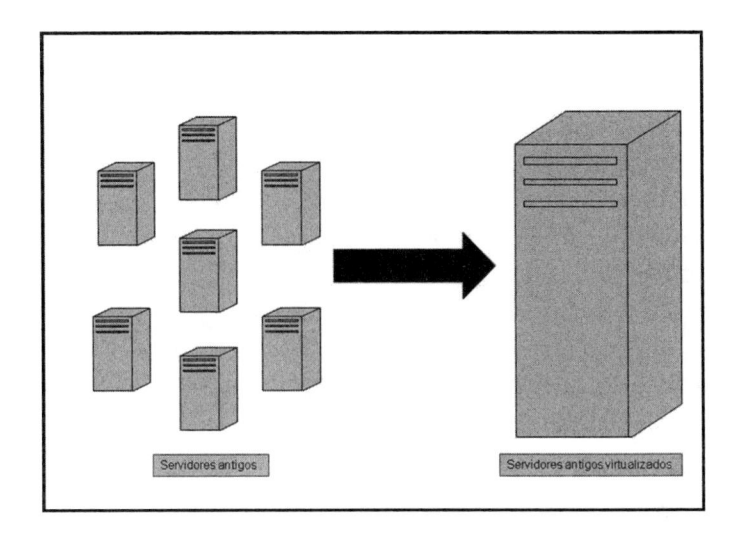

Consolidação de servidores reduz o consumo de energia elétrica.

O massivo consumo no armazenamento de dados dos diversos servidores do datacenter é o principal responsável por este desperdício. O Alto nível de qualidade dos equipamentos computacionais já permite que as soluções de missão critica e missão não critica sejam consolidadas em um ou dois servidores sem que existam perdas de *performance* e qualidade para as aplicações mais importantes ou que sejam criados focos de perdas e desperdícios para as aplicações de menor importância para o negócio. O custo unitário das transações oferecido pela solução de virtualização é extremamente competitivo, pois a eliminação das perdas energéticas desta abordagem faz com que o projeto tenha retorno rápido e elevado.

A eliminação do custo de energia do espaço de armazenamento não utilizado é a principal mola motriz financeira desta otimização da arquitetura de TI. As soluções de Storage Area Network (SAN) também oferecem uma considerável redução de custos de energia quando o problema é focado no armazenamento em disco rígido.

O caso da Companhia Brasileira de Trading (CBT) mostra a realização com enorme sucesso de um projeto de virtualização dos servidores. A virtualização dos 20 servidores permitiu uma economia de mais de 70% no consumo de energia elétrica. O projeto reduziu a necessidade de investimento de curto prazo em 500 mil dólares e economizou mais de um milhão de dólares em cinco anos.

Em diversos negócios ou unidades de negócios, os computadores são utilizados apenas cinco horas por dia, ficando inativos pelas outras cinco horas do dia comercial. É importante destacar que não estamos falando de dois ciclos contínuos de cinco horas. O caso mais comum ocorre quando o computador é utilizado por cinco minutos e depois fica dez minutos inativo e assim sucessivamente. Um exemplo é o computador que é usado como caixa nas lojas de varejos. Existem momentos de utilização intensa intercalados com momentos de nenhuma utilização. Isto ocorre em função da dinâmica do negócio.

Sem entrar no mérito se esta característica de uso está relacionada com a característica do negócio ou perfil de uso pelos usuários, o fato relevante é que as cinco horas de inatividade custam 50% do total de energia consumida pelo computador. A não existência de facilidades de adormecimento automático dos computadores, monitores e maquinas de cartão de credito fazem com que pequenos comércios tenham que pagar uma gigantesca conta de energia elétrica.

O simples uso das facilidades de gerenciamento de energia existente nos sistemas operacionais pode gerar uma fantástica economia para o comercio. Muitos que se denominam verdes porque colam cartazes de incentivo à economia de papel nas impressões, jogam no lixo muita natureza e dinheiro por não gastar cinco minutos configurando os equipamento para trabalhar com *performance* otimizada e custo reduzido. O poder da redução do consumo de energia do modo econômico dos vários equipamentos eletrônicos é de enorme monta.

Outra prática simples que agrada ao bolso e a natureza é o uso da tecnologia correta. É possível trocar diversas unidades pequenas de armazenamento em disco por uma única moderna. Existem casos em que ocorreu um aumento da capacidade de armazenamento em mais de 90% com redução do consumo de energia de 80%. Este é o caso, quando a tecnologia Fibre Channel é trocada pela Serial ATA (SATA). A CBT conseguiu economizar 30% do seu consumo anual de energia ao comprar computadores especialmente customizados para a sua necessidade de memória, disco, processamento e energização.

CAPÍTULO 5 – SUSTENTABILIDADE DA NOVA TI   115

Ações simples de configuração dos computadores podem economizar milhões de reais por ano. O simples fato de desabilitar as facilidades não utilizadas dos equipamentos eletrônicos de mobilidade pode ao mesmo tempo aumentar a satisfação do usuário (maior autonomia da bateria, por exemplo) e economizar até 50% da energia consumida. Desligar o Bluetooth ou WiFi e só os habilitar quando necessário economiza muita energia.

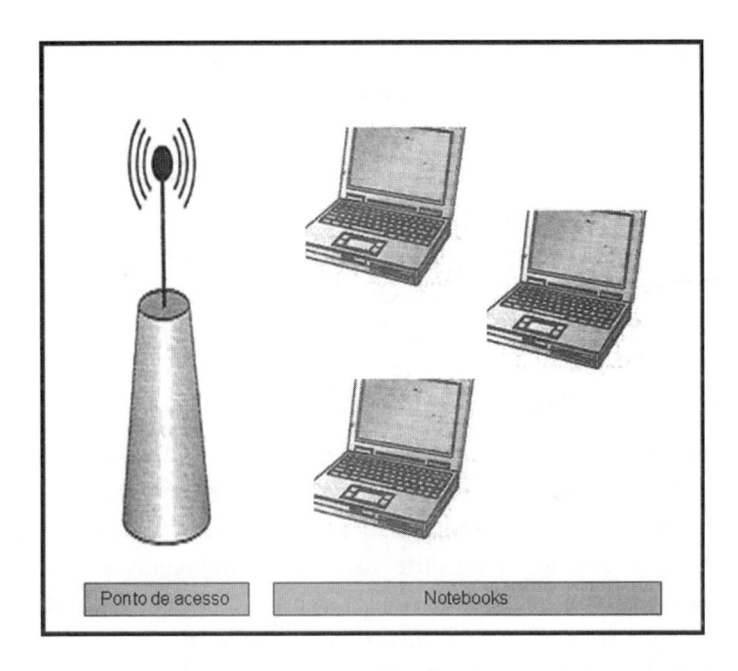

Ponto de acesso transmitindo "beacon packets" para ser encontrado.

Tipicamente, o ponto de acesso do WiFi troca pacotes de reconhecimento com o computador a cada cem milissegundos, por isso o rádio consome muita energia. Se não existe necessidade de conexão na rede então uma boa parte da autonomia da mobilidade é perdida inutilmente.

O consumo elevado ocorre porque o rádio precisa sintonizar os canais do ponto de acesso e escutar as transmissões de broadcast. Pode parecer que estamos falando de uns poucos KWH por ano de desperdício, mas quando é totalizada a perda de uma rede com várias centenas de equipamentos de mobilidade, a conta ultrapassa em várias vezes os gastos com atividades mais importantes como treinamento e criação de capital intelectual coletivo.

Existem casos em que a conexão é desejada, mas o intervalo de 100 milissegundos pode ser aumentado consideravelmente. Este simples procedimento aumenta a autonomia da bateria em mais de 30%.

NOTA   O usuário de TI tem a sua percepção de qualidade dos serviços recebidos em função das facilidades praticas para o desempenho da sua atividade profissional ou pessoal. Isto significa que aumentar a autonomia das soluções de mobilidade é um enorme beneficio de qualidade com imediato aumento da satisfação.

Outra iniciativa de configuração que economiza muita energia é o aumento do tamanho dos Buffers. Quanto maior for o armazenamento dos dados dos CDs, DVDs, Blu-ray e disco rígido na memória, menor será o consumo de energia pelos motores dos drives e portanto maior será a autonomia da mobilidade.

O armazenamento dos dados nos servidores é outro lugar comum de desperdício em função da necessidade de *performance*. Estes discos consomem mais de 15% do total de energia de um datacenter típico. Atualmente, a tecnologia permite manter redundâncias e proteção das informações em uma quantidade muito menor de discos. Por exemplo, um datacenter que reduziu a sua quantidade discos de 8 mil para 3 mil, conseguiu reduzir o seu custo de energia em mais de R$ 120 mil ao ano e diminuir a emissão de dióxido de carbono ao equivalente a retirada de 300 carros (uso intenso) das ruas por um ano inteiro. Mais de 300 toneladas métricas de CO2 não foram emitidas.

O gerenciamento das informações também pode oferecer uma enorme contribuição para a nova TI. As informações que são escritas apenas uma vez e lidas ocasionalmente (Write Once, Read Occasionally – WORO), como por exemplo, o histórico da contabilidade, recursos humanos e mensagens eletrônicas podem ser transferidas para a tecnologia Massive Array of Idle Disks (MAID) com enorme efetividade.

Como apenas uma pequena quantidade de dados é acessada, os discos podem ser alimentados conforme a demanda promovendo uma generosa redução na geração de calor indesejado e inútil e necessidade de refrigeração.

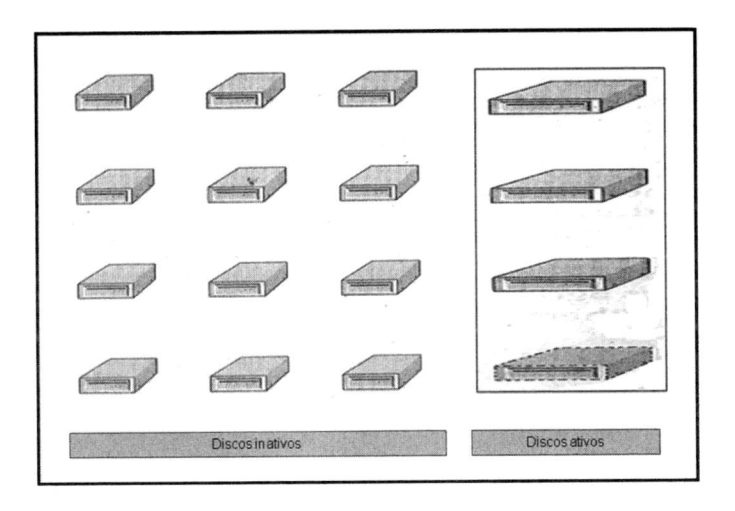

MAID – Um quarto dos discos ativos.

A grande vantagem da solução é o aumento do ciclo de vida dos discos. Como apenas 25% dos discos estão ativos por unidade de tempo, o tempo de vida da solução como um todo é aumentado em quatro vezes em relação as outras tecnologias em uso pelo mercado. Tipicamente, um disco SATA falha a cada 400 mil horas de uso e na solução MAID existem falhas a cada 1,6 milhão de horas de uso.

A solução RAID com energia gerenciada usa estratagema similar ao MAID e oferece diversos benefícios em relação às tecnologias tradicionais de armazenamento.

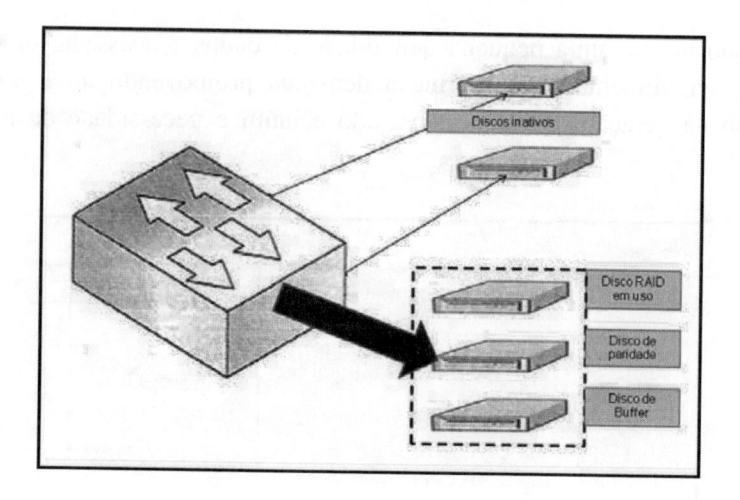

RAID com energia gerenciada.

O RAID com energia gerenciada oferece proteção de paridade com apenas alguns discos ativos. No ciclo de gravação apenas os discos de paridade e dos dados associados são alimentados. No ciclo de leitura apenas o disco que está sendo lido é alimentado.

Toda organização de TI gasta uma enorme quantidade de dinheiro na alimentação dos monitores, pois eles consomem mais de 0,1 KWH quando ativos e no mínimo 5 WH quando estão no modo descanso. Isto significa que colocar para dormir temporariamente os monitores inativos pode economizar muito dinheiro e natureza.

Manter como pano de fundo da tela cores escuras e não luminosas pode reduzir a conta de energia em mais de 20%. O estratagema permite economizar mais de cinquenta reais por ano em cada um dos monitores utilizados. Pode parecer pouco, mas para as empresas que têm mais de dois mil monitores ligados estamos falando de uma economia superior a cem mil reais por ano. Apenas esta economia é possível gerar capital para criar uma extraordinária base de conhecimento para a central de atendimento.

Em diversas situações existe o esquecimento da força econômica do botão desligar o monitor. Existem diversas configurações de sucesso para economizar energia durante a ausência não programada, mas nos casos de programação como, por exemplo, hora do almoço estas configurações são menos efetivas que a força do botão liga e desliga. Uma boa configuração de economia de energia consegue reduzir o consumo em até 65% durante a hora do almoço. O botão liga e desliga reduz o consumo em 100% durante o mesmo período. Capital intelectual sempre gera muita economia e natureza.

Muitas vezes os computadores dos usuários são comprados em função do menor preço sem uma avaliação do custo por transação. Um computador com eficiência energética de 80% é sem sombra de dúvida mais caro do que um de 50%. No entanto, o custo do uso do computador com eficiência enérgica de 50% suplanta a diferença do preço de aquisição do computador de 80% em poucos meses. Em cinco anos de uso o computador de 50% de eficiência energia custa no mínimo o dobro do computador de eficiência energética de 80%.

A refrigeração do datacenter é sem sobra de dúvida o grande vilão a ser combatido pela nova TI. Um servidor de eficiência energética de 50% transforma em calor indesejado e inútil 50% da energia consumida. As estatísticas estimam que 63% do total gasto em energia elétrica pelo datacenter são referentes ao resfriamento.

A pior parte desta conta não é o valor elevado. O crescimento explosivo do gasto é sem sombra de dúvida um problema gigantesco. Segundo o International Data Corp. (IDC) o gasto em energia elétrica dos datacenters aumentou em 400% entre os anos de 2007 e 2000. O IDC estimou que os custos apenas em resfriamento dos datacenters em 2007 foi de 29 bilhões de dólares.

Para facilitar o entendimento do impacto do custo de energia elétrica na competitividade brasileira, vamos calcular o consumo de uma lâmpada de 100 Watts ligada por mil horas aqui no Brasil e nos Estados Unidos. Um KWH representa o consumo de 1.000 Watts por uma hora. Uma lâmpada de 100 Watts ligada por mil horas consome um total de 100 KWH. Nos Estados Unidos, um KWH custa para uso comercial US$ 0,06. No Brasil, o mesmo KHW custa praticamente quatro vezes mais, ou seja, US$ 0,22. Enquanto a lâmpada de 100 Watts ligada nos Estados Unidos por mil horas custa apenas US$ 6,00, no Brasil o gasto em energia é de US$ 22,00.

Quando avaliamos um datacenter que gasta 7.500 MWH por mês em energia a questão competitividade fica bastante evidenciada. Nos Estados

Unidos, o custo anual apenas com refrigeração deste datacenter (em média 63% do total gasto em energia) é de US$ 3,4 milhões e no Brasil é de 12,5 milhões.

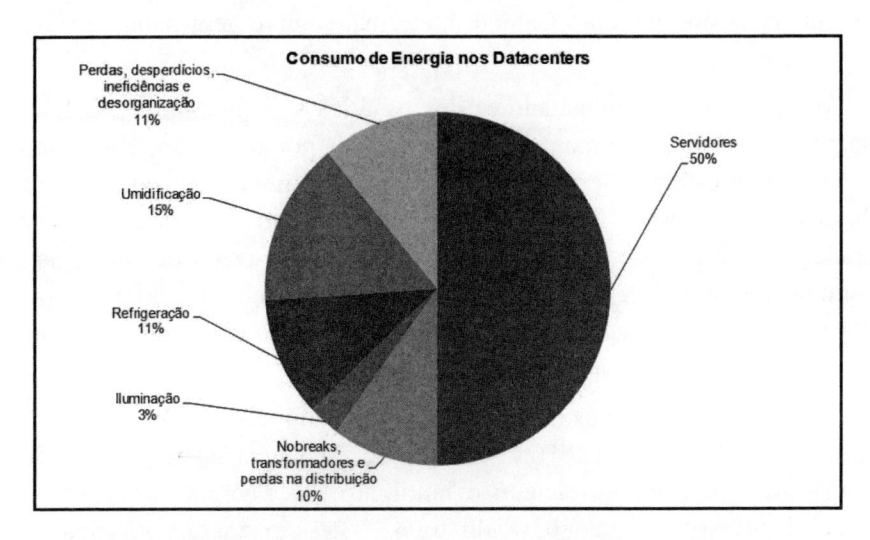

Consumo de Energia nos Datacenters

- Servidores: 50%
- Perdas, desperdícios, ineficiências e desorganização: 11%
- Umidificação: 15%
- Refrigeração: 11%
- Iluminação: 3%
- Nobreaks, transformadores e perdas na distribuição: 10%

Perfil de consumo de energia de um datacenter típico – Ponto de vista consolidação do consumo de energia por família de equipamento.

Como uma grande parte do calor gerado é provocada por informações inúteis, então fica bastante evidenciado o custo das perdas e desperdícios. Outra grande parte das perdas é causada por fontes de alimentação de baixa eficiência, (ii) arquiteturas inadequadas de TI e (iii) sistema inadequado de refrigeração. O custo do capital intelectual inadequado é simplesmente extraordinário neste caso. O custo ambiental é também de larga escala, pois apenas melhorando a refrigeração é possível reduzir a emissão de CO_2 em quase 9 mil toneladas métricas por ano.

As principais causas do crescimento gigantesco do custo da refrigeração estão relacionadas com o aumento do consumo dos servidores e sistemas de armazenagem, crescimento da densidade do calor pelo maior poder de processamento e redução do espaço, carga de calor não homogênea no datacenter pelo planejamento pobre do gerenciamento do calor e mudanças na topologia, aumento dos custos de energia no Brasil e tendência a exagerar na refrigeração em mais de duas vezes e meia que o necessário (falhas no capital intelectual corporativo).

Para calcular a real necessidade de refrigeração de um datacenter é preciso somar em British Thermal Units (BTUs) os cinco grandes fatores de geração de calor. Calor da sala, janela, ocupação, equipamentos e iluminação. Para calcular o gasto de energia elétrica em reais o resultado do calor deve ser convertido para KILOWATTs (KWs). Um KW é igual a 3.412 BTUs.

- **SALA.** Para calcular a necessidade de calor da sala (ela sozinha necessita de refrigeração) é usada a formula: Área da sala BTU = Comprimento (metros) x largura (metros) x 377.

- **JANELA.** Muitos datacenters não têm janelas e neste caso o resultado é zero. No entanto, se o datacenter tem uma janela voltada para o sul o cálculo da necessidade de refrigeração é aproximadamente: Comprimento da janela com face para o sul (metros) x largura (metros) x 265. Se o datacenter tem uma janela voltado para o norte, o cálculo da necessidade de refrigeração é aproximadamente: Comprimento da janela com face para o norte (metros) x largura (metros) x 1.370. Se não existirem cortinas, venezianas, anteparos ou biombos nas janelas, os resultados obtidos devem ser multiplicados pelo fator de correção de 1,5. O total em BTU das janelas é dado pela soma dos BTUs das janelas com face norte e sul do datacenter.

- **OCUPAÇÃO.** A quantidade de BTUs para refrigerar o calor gerado por uma pessoa dentro da datacenter é de aproximadamente 400. Logo, o total de BTUs por pessoas dentro do datacenter é dado pela multiplicação por 400 da quantidade de pessoas. O ideal é que não existam pessoas dentro, mas sempre existe uma ou outra necessidade de manutenção dos equipamentos.

- **EQUIPAMENTOS.** A maior parte da refrigeração é resultado do calor gerado pelos equipamentos. A quantidade de calor em Watts é informada no manual técnico de cada um dos equipamentos. É importante não se esquecer de considerar todos os equipamentos no datacenter. Para calcular em BTU a necessidade de refrigeração provocada pelo calor gerado dos equipamentos use a fórmula:

Equipamentos em BTU = Total Watts consumidos por todos os equipamentos x 3,412.

- **ILUMINAÇÃO.** A iluminação também produz calor. A necessidade de refrigeração da iluminação é dada pela fórmula: Iluminação em BTU = Total watts pata todas as lâmpadas x 4,25.
- **TOTAL.** O total de refrigeração é dado pela soma de cada um destes cinco fatores. Carga Total de Calor em BTU = área da sala em BTU + Janela em BTU + Pessoas no datacenter em BTU + Equipamentos em BTU + Iluminação em BTU. Uma unidade pequena de ar condicionado tem capacidade entre 5 e 10 mil BTUs e uma unidade grande trabalha com a unidade toneladas de refrigeração. Uma tonelada de refrigeração é igual a 12 mil BTUs.

Conforme podemos perceber, o custo da eliminação do calor indesejado é bastante elevado e a sua redução pode ser feita em diferentes frentes de batalha. A primeira é bastante obvia, mas é de suma importância para a sustentabilidade da nova TI. A eliminação das informações inúteis tem um gigantesco potencial para a redução dos gastos em energia e emissão de CO_2.

Após eliminar as informações inúteis, é a hora de colocar a mãe natureza para trabalhar a nosso favor. A preservação ambiental é sem sombra de dúvida um grande aliado neste jogo. O inverno e os dias frios podem ser utilizados na refrigeração do datacenter e economizar muita energia elétrica. Obviamente, a solução não é abrir as janelas nos dias frios.

Existem equipamentos chamados de economizadores que podem ser utilizados. Os economizadores podem ser de ar como de água. Os economizadores de ar usam o ar externo para refrigerar a sala. Existem sensores, dutos e registros especiais que são utilizados para controlar a entrada de ar frio no ambiente. Basicamente os sensores avaliam a temperatura do ar dentro e fora do edifício. Caso o ar externo seja frio o suficiente para refrigerar o datacenter, então os registros são ajustados para que o ar externo seja a principal fonte do sistema de refrigeração. Em função das questões envolvendo poluição e umidade, existe a necessidade de controles da entrada do ar externo com filtros especiais e umidificadores.

Um economizador a ar consegue reduzir a conta de energia de refrigeração de um datacenter em 40%. Nos Estados Unidos, estamos falando de uma economia de US$ 315 mil e no Brasil de US$ 1,1 milhão. Em termos de natureza estamos falando na redução da emissão de 5 mil toneladas métricas de CO_2 por ano.

Os economizadores a água utilizam resfriamento evaporativo para produzir indiretamente água resfriada para resfriar o datacenter quando a temperatura externa é baixa (em geral de noite). Existe boa *performance* quando a temperatura externa fica abaixo de 12 graus Celsius por mais de três mil horas por ano. O consumo de energia pode ser reduzido em até 75% com a vantagem de que não existe o problema de poluição e alteração da umidade do ar do datacenter.

A combinação de economizador a ar e água consegue reduzir tipicamente entre 20 e 30% do gasto total anual de energia elétrica, o que representa algo como uma diminuição do gasto de energia entre US$ 550 e 850 mil. A natureza também ganha porque a redução da emissão de CO_2 fica entre 9 e 10 mil toneladas métricas por ano.

A refrigeração conforme a demanda vem ganhando enorme espaço na estratégia enérgica dos datacenters. Os equipamentos entram em ação quando a central de refrigeração está inativa. Basicamente existem as soluções baseadas em ar e água. Os que são baseados em ar são de pequeno porte e entram em atividade sempre que a sala necessita de refrigeração. As soluções com base na água são em geral equipamentos maiores.

Os sistemas inteligentes de refrigeração usam sensores para controlar a temperatura de determinadas áreas do datacenter. É comum encontrar casos em que o gasto com refrigeração caiu acima de incríveis 70% com o uso da inteligência adequada. No controle customizado, a necessidade é o "ovo de Colombo" desta substancial economia.

Nem sempre é preciso investir milhões em equipamentos para reduzir com propriedade os gastos de energia com refrigeração. A otimização do fluxo de ar exige basicamente capital intelectual e consegue produzir economias expressivas.

O fluxo de ar e a quantidade de trocas de calor são elementos de fundamental importância para um efetivo sistema de refrigeração. Para que o controle de temperatura seja real é preciso trocar calor em uma velocidade correta. Em geral, em um ambiente de escritório ocorrem duas trocas de calor por hora. Em um datacenter de alta densidade, esta velocidade precisa ser multiplicada, pois ele exige 50 trocas por hora. Se a quantidade de trocas não for correta o ar frio é pré-aquecido antes de alcançar os equipamentos e muita energia e natureza é jogada no lixo.

Na maioria dos casos, os equipamentos recebem ar pela frente e soltam pela traseira, logo é possível criar com muita facilidade colunas de ar quente e de ar frio apenas posicionando os equipamentos de forma adequada. A grande vantagem desta arquitetura é que os equipamentos não vão receber ar pré-aquecido e por isto demandam por menos refrigeração.

A altura do piso falso é em geral entre 45,72 e 91,44 cm. Quanto maior for a altura do piso falso, maior é a quantidade de ar que pode ser distribuída, maior é o volume de ar que pode ser utilizado pelo sistema de refrigeração e menor é o gasto energético. O limite não é infinito, pois alturas muito grandes não são práticas para os trabalhos operacionais do dia a dia. Para resfriar uma densidade de 4.500 Watts por metro quadrado é preciso elevar o piso em mais de 150 centímetros.

O gerenciamento do cabeamento em conjunto com as colunas de ar quente e frio pode gerar uma extraordinária eficiência energética. Se todos os cabos estiverem sob as colunas de ar quente o datacenter vai experimentar uma significativa redução da sua necessidade de refrigeração. Basicamente, o calor gerado pelos cabos não vão pré-aquecer o ar frio neste tipo de configuração.

Também é importante assegurar que existem barreiras para a entrada de vapor no datacenter. Se as barreiras forem pobres, a umidade irá entrar nos dias quentes e sair nos dias frios. Os custos de energia do controle da umidade são fortemente reduzidos quando existem boas barreiras e o datacenter é isolado do resto do edifício.

Outra forma inteligente de reduzir o gasto de energia é evitar a circulação do ar quente gerado pelos equipamentos. A criação da arquitetura de colunas de ar quente e frio é bom começo para eliminar este gasto energético desnecessário. Outra iniciativa interessante e simples é criar caminhos fechados para o ar quente (plásticos simples podem ser utilizados para tal) não pré-aquecer o ar frio.

O uso de cortinas flexíveis para bloquear o ar acima dos equipamentos facilita e amplifica a criação das colunas de ar quente e frio. Como os equipamentos na maioria das vezes expelem o ar quente pela traseira, é importante bloquear os espaços livres nos racks para evitar o fenômeno de reentrada do ar quente nos equipamentos.

O projeto de arquitetura do datacenter precisa ser conduzido prevendo a otimização da refrigeração, pois existem equipamentos em que a entrada de ar frio não é pela frente. Existem casos de saída do ar quente pela parte de cima ou lateral, por isto é preciso configurar os racks para que o ar quente saindo de um equipamento não alimente a entrada de ar frio de outro.

Comprar racks com bom fluxo de ar é vital para economizar muita energia. É importante que eles não tenham estrutura interna que bloqueie o fluxo de ar para os equipamentos. Uma forma bastante interessante para economizar energia é o direcionamento da refrigeração diretamente para as fontes de ar quente.

A economia é significativa nestes casos, pois não é preciso refrigerar todo o volume de ar do datacenter. O uso de difusores é fundamental, pois eles permitem a entrega da refrigeração diretamente para os equipamentos que necessitam.

A correta disposição ocorre quando eles estão posicionados para os equipamentos. Não existe necessidade de posicionamento para as colunas de ar quente. Para evitar o efeito de curto-circuito do ar frio, evite que a alimentação e as placas do piso falso estejam próximas em demasia.

O piso falso e o gerenciamento de cabos têm sempre alguma perda em função da necessidade de acesso aos cabos que estão embaixo das colunas de ar quente, por isto deve ser buscada uma solução que minimize as perdas.

Para otimizar o posicionamento do ar condicionado em grandes datacenters, utilize um modelo computacional de fluxo dinâmico. Ele permite encontrar o melhor lugar para posicionar o equipamento de refrigeração e minimiza a distância entre ele e a maior carga.

As obstruções no caminho do ar como tubulações, bandejas de cabos e conduítes elétricos precisam ser levadas em consideração quando o espaço é calculado. É preciso que exista espaço para o correto fluxo de ar. O espaço abaixo do piso falso precisa ser dimensionado em função das obstruções.

Os ventiladores consomem muita energia elétrica quando todos estão girando ao mesmo tempo, por isto é interessante usar sistemas de baixa pressão para forçar a passagem do ar. É importante verificar que existe capacidade de passagem abaixo do piso falso.

Para maior eficiência energética é mais interessante usar alguns ventiladores de baixa velocidade do que um único de alta velocidade. O consumo de energia é proporcional ao quadrado da velocidade, por isto, trabalhar com dois ventiladores na metade da capacidade gasta menos do que um único operando na capacidade total.

O sistema de refrigeração do datacenter precisa ajustar tanto a temperatura como a umidade exterior. Muita ou pouca umidade pode danificar os equipamentos causando prejuízos milionários, por isto ela precisa ser adequadamente gerenciada.

Os sensores de umidade normalmente perdem a calibração com a passar do tempo, por isto precisam ser calibrados novamente de forma planejada e programada. Também é interessante ter redundância dos sensores para permitir ajustes finos na umidade.

É importante usar economizadores no datacenter, pois é preciso estar preparado para controlar a umidade com unidades dedicadas. Às vezes é preciso bloquear a entrada de ar em função do elevado custo para umidificar o ar seco externo.

Outra medida importante para economizar dinheiro com a umidade é a centralização dos controles. Não existe sentido em manter múltiplos sistemas que ficam brigando entre si e tornam a solução de baixa eficiência.

Nos datacenters, densamente povoados, em geral, é preciso adicionar capacidade extra de refrigeração. A melhor forma para endereçar esta questão é colocar o mais perto possível da fonte de calor o mecanismo de refrigeração.

Resumo

1. A eficiência da refrigeração não é uma questão apenas dos equipamentos. O capital intelectual individual e coletivo precisa estar presente para assegurar que as melhores decisões sejam tomadas. Todo o processo de tomada de decisão precisa levar em conta os custos do ciclo de vida de cada umas das soluções.

2. É também preciso manter o time trabalhando com coesão no projeto, por isto todos os stakeholders precisam ser envolvidos e é fundamental documentar e comunicar as razões das decisões. Os objetivos precisam ser quantificáveis e baseados nas melhores práticas.

3. A otimização do gasto com energia é consequência e não causa do projeto, por isto ele precisa estar presente desde o início para manter o foco no menor custo unitário por transação. Não existe custo ótimo sem Controle, Transparência e Previsibilidade (CTP) por isto, é preciso ter métricas, monitoramento e controles.

4. Uma atividade que facilita muito a otimização é a avaliação e comparação com facilidades similares. Aprender com os erros dos outros é sempre uma extraordinária oportunidade de melhorar com custo muito baixo.

5. O capital intelectual é fundamental para o sucesso, por isto, é preciso assegurar-se de que os operadores do datacenter estão habilitados e capacitados para (i) operar adequadamente as facilidades com eficiência energética e (ii) tomar boas decisões.

6. O planejamento futuro da datacenter é também uma ferramenta de redução de custo, tempo, dinheiro e degradação da natureza. Usar tecnologias escaláveis para as partes criticas é sempre uma boa ideia, pois no médio e longo prazo vai existir maior demanda por energia e refrigeração.

7. O sistema de refrigeração não pode ser visto apenas como um redutor da conta de energia elétrica. Ele é uma parte fundamental da facilidade e é capaz de reduz a emissão de CO_2 enormemente. Basicamente, estamos falando aqui do o bolso agradece e a natureza também.

Economize Dinheiro e Viva Melhor

Empresas de tecnologia e não de tecnologia estão em permanente busca da liderança do processo de redução no consumo de energia em seus datacenters. Algumas estão trabalhando o tema na direção do aumento de vendas como o Walmart com a campanha "Save money. Live better." enquanto outras como a Google estão trabalhando na direção da excelência operacional em função do tamanho do datacenter.

Na prática este é mais um caso em que a consequência do problema é sentido com força em Tecnologia de Informações e Comunicações (TIC) e o caminho do sucesso pouco tem a ver com TIC. É quase uma regra geral a constatação de que para cada WATT consumido pelos equipamentos, existe outro WATT desperdiçado em infraestrutura (iluminação e refrigeração são exemplos clássicos).

A estratégia genérica de competição começa com o estratagema de tirar do limbo a engenharia das empresas e encontrar caminhos para eliminar estas perdas e reduzir o consumo de energia. O aumento da efetividade dos datacenters nas empresas pode ser alcançado através de sete iniciativas estratégicas simples.

1. **Separação do ar quente e frio**. Não é raro encontrar datacenters onde as áreas quentes e frias não estão bem separadas. Um simples reposicionamento e alinhamento da frente e costa dos equipamentos consegue criar uma linha de ar quente (ele é sempre eliminado pela parte de trás dos equipamentos) e uma fileira de ar frio. Esta pequena reorganização cria filas alternadas de ar quente e frio, pois o ar refrigerado entra pela frente. Uma simples cobertura plástica cobrindo os corredores dos equipamentos e algumas cortinas de plástico nas extremidades de acesso conseguem manter o ar frio e quente separado. Isto significa que é fácil e barato reduzir as caras despesas de resfriamento.

2. **Frio demais**. É mais comum do que imaginamos encontrar datacenters com controle pobre do fluxo de ar. Neste caso, o desperdício acontece porque é preciso manter a temperatura abaixo de 21°C para compensar as ineficiências do fluxo de ar. Os casos de mercado como o da Google mostram que é perfeitamente

possível manter temperaturas acima de 26°C sem perda alguma de *performance*. Aplicando soluções simples de controle do fluxo de ar e entendendo melhor as especificações dos equipamentos é perfeitamente possível trabalhar com temperaturas maiores. Muitos equipamentos já conseguem trabalhar normalmente na temperatura de 32°C, logo não existe motivo para não regular o regime de temperatura para o intervalo entre 29°C e 31°C.

3. **Uso de ar fresco.** É muito simples e econômico o uso de ar fresco e torres de resfriamento para refrigeração dos equipamentos. As torres de resfriamento usam princípio similar ao nosso suor para resfriar. No caso, elas usam a evaporação da água para remover o calor.

4. **Capital intelectual.** É fundamental para o sucesso da meta de preservação do bolso e natureza que métricas como Power Usage Effectiveness (PUE) e capacidade de uso efetivo de energia sejam conhecidas, entendidas, monitoradas e controladas, pois elas determinam a eficiência energética do datacenter. O cálculo da PUE é fácil. Ele é a divisão da quantidade de energia total consumida pela facilidade pela energia necessária para executar com sucesso a infra-estrutura do datacenter. Em geral, encontramos datacenters com PUE variando entre 2,0 e 3,0. Os ajustes simples realizados pela Google conseguiram tornar possível a operação da empresa com PUE de 1,2, o que significa que cada WATT consumido pela infraestrutura de tecnologia precisa apenas 1,2 WATT da facilidade. É uma enorme vantagem competitiva. As compras de TIC precisam tirar o foco do menor preço de curtíssimo prazo e trabalhar com o melhor preço do ciclo de vida, pois a ênfase em equipamentos melhores consegue facilmente levar o PUE para a casa de 1,5.

5. **Visão holística.** As empresas mantêm para a sua operação rotineira milhares de equipamentos fora do datacenter, por isto as iniciativas de economia de energia devem ir além da central consolidada de equipamentos. A maioria dos produtos digitais modernos tem ferramentas de gerenciamento de energia que, adequadamente configuradas, conseguem economizar centenas de milhares de MWHs e reais por ano.

6. **Cor do fundo da tela**. A diferença entre escolher uma cor clara e escura de pano de fundo é de R$ 102 por monitor por ano. Parece pouco? Multiplique por uma base corporativa de 2 mil monitores e o total é de espantosos R$ 204 mil por ano. Em cinco anos você terá realizado um projeto de investimento praticamente zero e retorno de R$ 1.020.000, ou seja, o ROI na prática é infinito. É mole ou quer mais?

Cor	Consumo em WATTS
Branco	74 W
Amarelo	69 W
Água	68 W
Prata	67 W
Azul	65 W
Vermelho	65 W
Lima	63 W
Cinza	62 W
Oliva	61 W
Púrpura	61 W
Verde	60 W
Castanho	60 W
Azul marinho	60 W
Preto	59 W

7. **Taxa de amostragem dos serviços**. Frequência de amostragem dos serviços de TIC pelas aplicações de monitoração e controle.

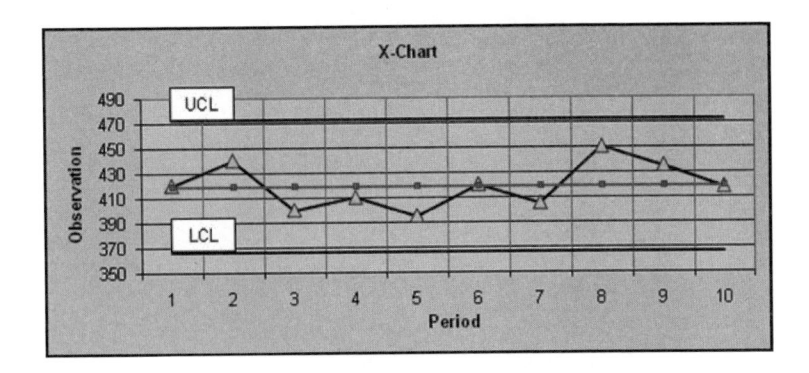

Capítulo 5 – Sustentabilidade da Nova TI

Freqüência de amostragem dos serviços de TIC pelas aplicações de monitoração e controle.

Em geral as aplicações de controle e monitoração dos serviços de TIC usadas pela central de serviços usam o estratagema de amostrar os serviços por período de tempo bem determinado.

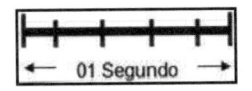

Monitoração em um segundo

O problema desta estratégia é que ela tira a CPU dos servidores do estado de repouso (baixo consumo de energia) por milhares de vezes em um mês e gera um extraordinário consumo inútil de energia e dinheiro. Uma mudança simples, como por exemplo, fazer a amostragem dos serviços em sequência e em seguida, elimina o consumo inútil de energia da passagem do estado de repouso para ativo da CPU e resulta no mesmo nível de informação para o controle e monitoração dos serviços de TIC.

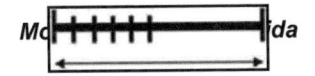

CAPÍTULO 6
INFORMAÇÃO ÚTIL
CATAPULTANDO O SUCESSO VERDE

IDEOLOGIA CENTRAL:

1. Nos Estados Unidos, instituições como o Carbon Disclosure Project (CDP) recebem e publicam as emissões de CO_2 da maior parte das grandes empresas americanas. É mais do que comum encontrar no território americano empresas aderentes as normas da Environmental Protection Agency (EPA).

O sucesso da sustentabilidade passa pela seriedade e confiabilidade das informações para a comunidade, órgãos fiscalizadores, acionistas, empregados, bancos etc. Muitos relatórios sobre a emissão de carbono serão demandados e por isto teremos uma enorme necessidade de desenvolvimento de software para atender os requisitos específicos do negócio.

A questão verde do bolso agradece e a natureza vem convencendo as empresas, investidores e comunidade da relevância do valor financeiro das iniciativas de sustentabilidade para o sucesso dos negócios. A avaliação do q de Tobin mostra que negócios sustentáveis produzem lucros maiores. Existem muitas coisas que explicam este resultado superior, mas um fator é bastante óbvio.

Para que um negócio seja sustentável é preciso que exista o saber profundo dos processos, das entradas e saídas. Este conhecimento leva obrigatoriamente a um elevado nível de capital intelectual coletivo e por consequências melhores decisões e processos. Escolhas superiores com visão ampla no mínimo eliminam a maioria das perdas, desperdícios e ineficiências do negócio. Este simples detalhe do conhecimento consegue ao mesmo tempo ampliar a sobra de dinheiro no bolso e integrar práticas sustentáveis às suas operações.

O gerenciamento efetivo deste conhecimento precisa da ajuda de TIC, pois mais do nunca é necessário o planejamento, registro e controle de emissões de carbono integrado com a operação do negócio. Os relatórios precisam de consistência e coerência e por isto precisam estar amarrados com a realidade do negócio.

Muitas iniciativas comerciais poderão ter o seu grau de sucesso amplificado com o marketing verde, mas para tal será preciso o completo controle e gerenciamento da sustentabilidade na cadeia produtiva entendida de forma automatizada. Fornecedores no mercado nacional e mundial serão escolhidos em função dos aspectos técnicos e ambientais e por isto as informações sobre a produção de gases do efeito estufa precisarão estar na mão para os vendedores na hora certa de forma simples.

Em Janeiro de 2010 a Securities and Exchange Commission (SEC) regulamentou as diretrizes sobre riscos associados com a mudança climática. Existe agora a necessidade de informar pelas empresas aos investidores os impactos e riscos para a saúde financeira da organização das mudanças climáticas. Os impactos climáticos aparecem tanto por perdas físicas, por exemplo, empreendimentos em áreas costeiras podem ser afetados pelo aumento do nível do mar impactando toda a cadeia estendida produtiva (bancos que financiam as operações, operadores logísticos, turismo, portos etc.), como por perdas de normas e regulamentações, por exemplo, os negócios que emitem grande volume de carbono podem ser afetados em termos de produção e lucro em função da criação de novos limites mais restritos para emissão de $CO2$ (novamente temos impacto em toda a cadeia estendida passando pelos bancos que financiam as operações, operadores logísticos, distribuidores, varejo, portos etc.)

Nos Estados Unidos, instituições como o Carbon Disclosure Project (CDP) recebem e publicam as emissões de $CO2$ da maior parte das grandes empresas americanas. É mais do que comum encontrar no território americano empresas aderentes as normas da Environmental Protection Agency (EPA). O grande desafio e oportunidade ou ameaça (a inteligência corporativa vai determinar se é bom ou ruim) não estão relacionados com o envio para a SEC dos documentos com estas informações; a questão prática aqui da governança é apresentar com transparência e dinamismo o real impacto nas finanças do negócio das regras atuais e futuras de controle de CO2.

No Brasil, o portal Registro Público de Emissões de gases de efeito estufa (GEE), já registra 35 empresas brasileiras que começaram a divulgar voluntariamente as suas emissões de gases de efeito estufa. O Programa Brasileiro GHG Protocol completa em 2010 dois anos de atuação com um grupo de 60 empresas de grande porte para promover a cultura corporativa de controle, gerenciamento, monitoração, transparência dinâmica e apresentação da emissão de gases de efeito estufa.

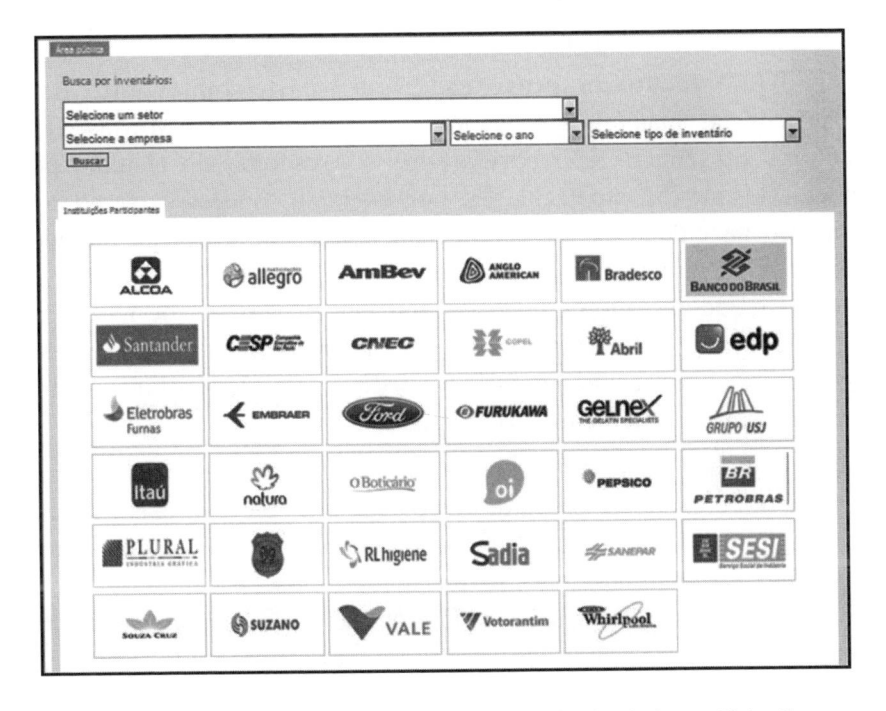

Tela inicial "Plataforma consulta e publicação de inventários", acessado em 08/07/2010 (www.fgv.br/ces/registro).

O transporte de pessoas e mercadorias é sem sombra de dúvida um dos grandes alvos da sustentabilidade dos negócios. A inteligência da mobilidade precisa aumentar consideravelmente no curto prazo para atender as novas regras de emissão. O uso de veículos de transporte com motor elétrico ou híbrido certamente ajuda, mas não é bom o suficiente para que a mobilidade seja realmente inteligente. É preciso que o gerenciamento da mobilidade inteligente consiga resultar em trajetos com a melhor relação possível entre emissão de gases poluentes e efetividade da movimentação. Estamos falando aqui de uma infraestrutura sofisticada de transporte e gerenciamento da demanda com mobilidade e uso de motores adequados.

A virtualização da presença é uma parte importante desta infraestrutura, mas ela por si só não resolve tudo. Muitas vezes encontros presenciais são obrigatórios e a escolha do sistema pode produzir resultados espetaculares, por exemplo, o deslocamento local via metrô na cidade de São Paulo economiza muita energia, tempo e dinheiro. O incentivo das corporações para o sistema correto envolvendo todos os colaboradores pode resultar em um sistema de mobilidade inteligente de baixo custo com elevada velocidade e efetividade. Novamente a governança de TI verde é um dos pilares para a maximização e aceleração dos resultados.

A mobilidade real ou virtual é sem sombra de dúvida um grande consumidor de energia e produtor de poluentes, no entanto, existem outros fatores que se otimizados conseguem produzir resultados tão espetaculares quanto a mobilidade com *performance* ótima. Os edifícios verdes, novos ou reformados representam hoje um setor da economia em franca expansão.

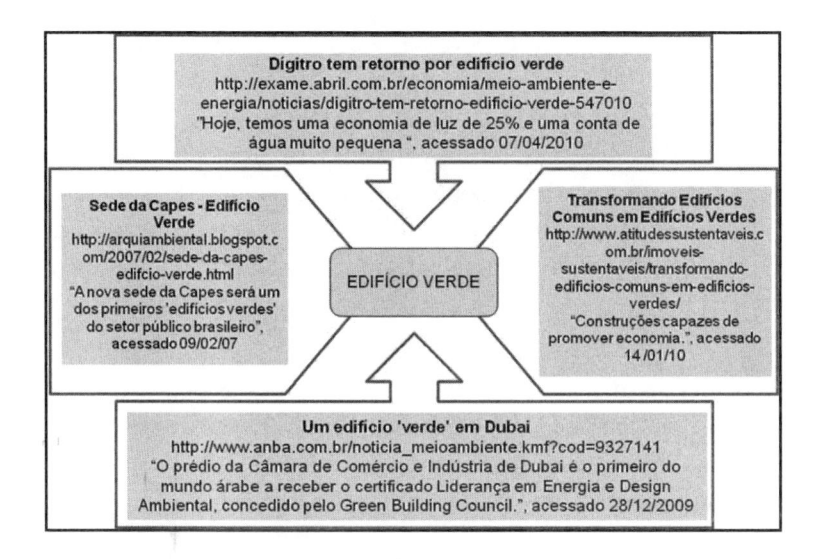

CAPÍTULO 6 – INFORMAÇÃO ÚTIL CATAPULTANDO O SUCESSO VERDE

```
┌─────────────────────────────────────────────────────────────┐
│              Dígitro tem retorno por edifício verde          │
│  http://exame.abril.com.br/economia/meio-ambiente-e-         │
│  energia/noticias/digitro-tem-retorno-edificio-verde-547010  │
│  "Hoje, temos uma economia de luz de 25% e uma conta de      │
│           água muito pequena ", acessado 07/04/2010          │
└─────────────────────────────────────────────────────────────┘

┌──────────────────────┐                    ┌──────────────────────┐
│ Sede da Capes -      │                    │ Transformando Edifícios│
│ Edifício Verde       │                    │ Comuns em Edifícios   │
│ http://arquiambiental│                    │ Verdes                │
│ .blogspot.com/2007/  │                    │ http://www.atitudes   │
│ 02/sede-da-capes-    │   EDIFÍCIO VERDE   │ sustentaveis.com.br/  │
│ edifcio-verde.html   │                    │ imoveis-sustentaveis/ │
│ "A nova sede da Capes│                    │ transformando-        │
│ será um dos primeiros│                    │ edificios-comuns-em-  │
│ 'edifícios verdes' do│                    │ edificios-verdes/     │
│ setor público        │                    │ "Construções capazes  │
│ brasileiro",         │                    │ de promover economia.",│
│ acessado 09/02/07    │                    │ acessado 14/01/10     │
└──────────────────────┘                    └──────────────────────┘

┌─────────────────────────────────────────────────────────────┐
│                 Um edifício 'verde' em Dubai                 │
│  http://www.anba.com.br/noticia_meioambiente.kmf?cod=9327141 │
│  "O prédio da Câmara de Comércio e Indústria de Dubai é o    │
│  primeiro do mundo árabe a receber o certificado Liderança   │
│  em Energia e Design Ambiental, concedido pelo Green Building│
│  Council.", acessado 28/12/2009                              │
└─────────────────────────────────────────────────────────────┘
```

Mercado Prédio Verde

O mercado da construção verde já movimenta mais de 4 bilhões de dólares no Brasil e até o final da copa de 2014, terá mobilizado recursos acima de 15 bilhões de dólares. A onda verde vem literalmente varrendo as perdas e desperdícios gerando um enorme mercado de reforma de edifícios. Existe a tendência de médio prazo que os recursos para reformas de construções existentes serão superiores aos investimentos para novas construções. O desejo ecofinanceiro de reduzir emissões de carbono e economizar energia vai certamente ter alcance além da iniciativa privada. Não existem dúvidas de que ele vai chegar à esfera pública.

A população vai exigir a transformação das instalações governamentais em edifícios (reais e virtuais) mais verdes. Menos gasto com energia significa, na prática, menos impostos e mais natureza. A nova TI vai ter um papel de grande monta nesta empreitada pois ela está presente desde a ferramenta que facilita o desenho do prédio real ou virtual até o gerenciamento do dia a dia do edifício verde. A incorporação de práticas de construções sustentáveis pelos fornecedores aos aplicativos de arquitetura e projeto e desenho de engenharia civil terá resultados positivos em termos de aumento de vendas da solução e globalização da sustentabilidade verde dos prédios.

Um exemplo simples deste enorme poder verde da TI é a união de um grande fabricante de software de projeto e desenho de edifícios com o conselho de construções verdes dos Estados Unidos. A integração da tecnologia com os sistemas de classificação significa na prática projetos superiores com recursos otimizados e menos perdas e desperdícios. A capilaridade de vendas deste fabricante de software é sem sombra de dúvida um gigantesco fator ambiental, pois em pouco tempo a engenharia e arquitetura de diversos países estarão projetando e reformando prédios conforme as melhores práticas verdes.

Uma das consequências das construções verdes é que a demanda por novas fontes de energia vai diminuir. Antes de enfrentar complexas operações para construir novas hidrelétricas, o governo poderá realizar um enorme ajuste na matriz energética via lado da demanda. A onda verde está catalisada de tal forma que será viável a aprovação de uma completa legislação ambiental limitando a emissão de CO_2 sem a necessidade de enfrentar eleitores furiosos.

Mesmo que seja restrito, de uma forma ou outra, todos vão querer entrar na festa da economia energética. As questões sobre poluição e emissão de gases vão ser endereçadas pelas normas, regulamentações e leis sobre as questões energéticas e descarte do lixo eletrônico já aprovadas ou em aprovação. O jogo entre o limite de emissões sem penalização e troca de créditos de carbonos entre países vai gerar um gigantesco avanço para a nova TI porque as sociedades mais efetivas e inteligentes vão aumentar a sua renda apenas porque eliminaram as perdas e desperdícios.

Basicamente estamos falando de um contexto de contorno em que o controle, transparência e previsibilidade das ações operacionais do país vão permitir uma forte entrada de recursos externos aumentando a renda da população local. A governança da nova TI verde consegue apenas com capital intelectual coletivo alavancar iniciativas que resultam em importantes reduções na queima de petróleo e gás e no aumento da absorção e armazenamento de carbono.

Quanto maiores forem os avanços na eliminação das perdas e ineficiências do consumo de energia menor será a demanda por hidrelétricas, usinas atômicas etc., maior será a preservação da fauna e flora brasileira e, portanto as nossas reservas de créditos de carbono serão significativamente elevadas, gerando maior renda e espiral positiva de crescimento humano, financeiro e ambiental.

Este movimento ecofinanceiro vem gerando resultados cada vez mais espetaculares para o setor de tecnologia. As chamadas soluções limpas estão em trajetória cada vez mais ascendente com investimentos saltando da casa do primeiro bilhão de dólares para o superpatamar do sexto bilhão ao ano. Nem mesmo a restrição ao crédito da grande crise de 2008 conseguiu abalar significativamente a intensidade de crescimento da tecnologia verde.

A grande recessão impactou o crescimento de forma diminuta e os investimentos em 2009 foram ajustados para o patamar ainda elevado de 5,6 bilhões de dólares. Os números preliminares de 2010 mostram a confirmação das previsões de recuperação da velocidade do crescimento do investimento em tecnologias verdes. Muito provavelmente a barreira dos 8 bilhões de dólares será superada. É possível afirmar que estamos em um momento de clara mudança do perfil de investimento. O novo capital busca setores em que o investimento foi bastante restrito nos últimos anos.

Por exemplo, as tecnologias de energia solar estão sendo consolidadas em uma nova matriz energética com foco no crescimento do mercado de energia renovável para o setor de logística. As tecnologias verdes atuais buscam mais do que a eficiência energética, elas querem efetividade. Cada vez mais os prédios verdes querem atacar o problema pelo lado da demanda via eliminação das perdas, ineficiências e desperdícios. A nova TI é um grande auxiliador na questão da não geração de informações inúteis.

A pressão da escassez de recursos aumentando os custos ganhou relevância na pauta de todos os jogadores do mercado nacional e, como consequência, a busca pela não geração de informações inúteis ganhou significância e importância nas organizações. A principal resultante ambiental da eliminação de informações inúteis é da alçada climática. A maior efetividade das informações consegue combater com força e propriedade o vilão do dióxido de carbono. Os trabalhos sem perdas gerados pela nova TI fazem que menos energia seja consumida. Menor consumo energético sem perdas de produtividade pode ser facilmente traduzido tanto em menor necessidade de uso de termoelétricas (menor produção de dióxido de carbono) como menor necessidade de construir novas fontes de energia (menor impacto ambiental).

O desafio da mudança climática provocada pela emissão de dióxido de carbono precisa ser urgentemente endereçado em função dos estragos naturais que estamos vivendo em todos os continentes. Em 2010, todos os continentes sofreram catástrofes ambientais de porte significativo e amplo em função do aquecimento global. Calor e chuvas em excesso vêm provocando mortes e perdas expressivas nos últimos anos. É senso comum de todas as sociedades e classes sociais que é preciso reduzir no curtíssimo prazo as emissões e trabalhar em soluções para evitar a escassez de água.

Os problemas energéticos, climáticos e da água já estão impactando as operações e a cadeia de abastecimento das empresas. Estamos em nível de integração no qual os negócios e países estão sendo afetados pelos cortes de fornecimento, aumento de preços e gastos, perdas de receita e recursos provocados pelos problemas climáticos. Os balanços de alguns negócios já registram em 2010 os impactos negativos das catástrofes naturais no desempenho operacional e nos lucros.

Como as termoelétricas ajustam a oferta de energia em momentos de baixo volume de chuvas nas hidrelétricas e elas exigem grandes quantidades de água para processamento e esfriamento, é natural que exista uma substancial pressão nos custos nestes momentos pela escassez dos principais insumos. A sustentabilidade ecofinanceira precisa de soluções estruturais para as cadeias produtivas para gerenciar os mercados. Basicamente todos os negócios reais ou virtuais têm na sua infraestrutura a utilização de energia, água e TI. Como o momento de escassez é marcado pela menor disponibilidade de energia e água é evidente que TI é a variável que pode ser a salvação da lavoura.

A nova TI sem informações inúteis oferece um monumental ajuste para baixo na demanda de energia e água que compensa o momento de escassez dos recursos, impede alta de custos e preços e preserva muita natureza. A preservação interrompe a espiral de degradação ambiental estabilizando o problema. O olhar futuro desta ruptura é o encontro de soluções para os problemas, melhoria ambiental e ciclo virtuoso de redução de custos e preços e aumento ambiental. Esta espiral consegue transformar o viés negativo do ciclo atual em resultante positiva e sustentável. Trabalhar com as variáveis da infraestrutura é fundamental para a necessidade de urgência, pois existe impacto global.

Pode ser que a necessidade de urgência e otimização ainda seja vista como exagero para alguns. Para os que pesam assim é recomendável colocar uma lupa nos alertas mais recentes da natureza pois: (i) nos Estados Unidos existem casos de usinas que interromperam a produção de energia em função da falta de insumos e (ii) no estado de São Paulo existe, em 2010, um evidente redirecionamento da matriz da oferta de água em que o fornecedor está incentivando cada vez mais a água de reuso para os casos em que o uso de água potável não é necessário.

Na prática, é possível afirmar que as discussões sobre a crise global de abastecimento de água potável está apenas começando e que os setores da construção imobiliária e nova TI terão o papel de protagonistas fundamentais no desenvolvimento das respostas e tecnologias para a evidente necessidade crescente de conservação direta e indireta da água. As questões de aumentos extraordinários dos custos e preços provocados pela redução da oferta dos recursos de infraestrutura dos negócios vão catapultar a atenção das corporações na direção da sustentabilidade operacional ecofinanceira para que as margens de lucro sejam preservadas.

A nova TI é indiscutivelmente o fator de produção mais importante da primeira metade da segunda década da era 2000. A capacidade da governança da TI VERDE de abordar ao mesmo tempo eficiência e eficácia energética torna a variável o combustível perfeito para movimentar a economia nacional. Eliminar perda e desperdício e alcançar a eficiência energética é um tema que já alcançou o topo da agenda nacional de muitos em função das perdas causadas pelas dificuldades para obtenção das licenças ambientais das novas usinas. Apesar do destaque alcançado, a destruição das ineficiências energéticas ainda é para muitos um assunto novo e inovador.

O assunto qualidade da demanda vai fazer em pouco tempo que a temática eficácia deixe de ser vista pelas organizações como menos importante em relação assunto energia renovável e tecnologia verde e passe a protagonizar a pauta corporativa nos próximos anos. O extraordinário resultado obtido pela eficácia energética já apareceu nos balanços de diversas empresas e o mercado nacional percebeu que é possível alcançar robustas reduções na conta de energia elétrica de forma duradoura no curto prazo com iniciativas de pequeno investimento inicial. Os projetos realizados permitem, na grande maioria dos casos, a recuperação dos valores investidos gastos em menos de seis meses.

A entrada natural na nova TI pela eliminação das informações inúteis e maior inteligência corporativa aumentam drasticamente a produtividade e otimização do uso dos recursos. A questão climática faz com que os pequenos investimentos desta natureza sejam vistos com enorme popularidade e ganhem o coração das pessoas. A empresa além de reduzir custos, ganha novos mercados com facilidade e baixo investimento.

A publicidade do Walmart de "Save money. Live better" é um evidente caso de uso deste estratagema. Pode parecer que já existem bastante benefícios, mas o pacote da eficácia energética não acaba no menor custo operacional e mais vendas e lucros. A maioria das propostas legislativas sobre energia e clima inclui oferta de capital e incentivo para recompensar os investimentos corporativos na efetividade energética, ou seja, os investimentos em eficácia são premiados com gigantescos e duradouros benefícios e capital de baixo custo. Nunca na história da humanidade existiu um ouro tão generoso e fácil como o gerado pela governança da nova TI.

É evidente que a organização da nova tecnologia de informações precisa focar na questão cabeças de TI para que exista real posicionamento como provedor de solução. O notório sucesso ecofinanceiro vem via inteligência coletiva e conhecimento real da atuação da nova TI.

A questão verde não pode e nem deve ser vista como assunto de grandes empresas ou de gigantescas organizações de tecnologia. As práticas reais precisam estar presentes em todos os tamanhos de empresas e organizações. Um exemplo prático desse nível de alavancagem verde é o caso do índice de sustentabilidade do Walmart. Ele influencia no mínimo 100 mil fornecedores. Todos na cadeia produtiva deste varejista de megaporte conhecem as exigências ambientais e estão preparados para divulgar ao mercado as informações relacionadas com o seu comportamento sustentável.

Como eles são fornecedores de outras empresas as novas capacidades empresariais conquistadas ficam bastante evidenciadas para o restante do mercado. Em outras palavras, o poder de fogo da mega empresa compradora influencia e propaga o endereçamento da eficácia energética com redução de custos para as outras organizações, pois as outras empresas do mercado que também compram dos fornecedores com eficácia enérgica ficam animadas com os resultados superiores ecofinanceiros alcançados e passam a exigir o atendimento de indicadores de sustentabilidade para todos os seus fornecedores. De forma similar a uma reação atômica em cadeia em que um único nêutron inicia a geração de uma enorme quantidade de energia em um intervalo de tempo muito pequeno, existe neste caso uma elevada velocidade de propagação de atitudes saudáveis para todo o mercado.

A repetição da aplicação dos indicadores de sustentabilidade e as diversas campanhas com todos os fornecedores da cadeia de valor estendida têm como consequência um crescente aumento da quantidade de produtos com certificados ecológicos disponíveis aos consumidores. A nova TI tem um papel de fundamental importância neste jogo, pois ela habilita a oferta do completo panorama do ciclo de vida dos produtos ou serviços (sapatos, roupas, alimentos, carro, celular, televisor, computadores etc.).

Muito em breve o código de defesa do consumidor vai incorporar exigências sobre a disponibilização de informações nos produtos ou serviços ofertados na economia brasileira sobre o impacto da sua produção nos recursos naturais. A nova TI consegue influenciar, transformar e habilitar atitudes e comportamentos verdes como poucas atividades econômicas. A era das etiquetas e certificados ecológicos chegou para ficar.

A sustentabilidade da nova TI tem um colateral bastante interessante para as empresas usuárias de tecnologia. Depois de anos de reclamações das áreas de negócio, finalmente está sendo atendido o desejo das lideranças pela demonstração de resultados da tecnologia. A governança de TI VERDE, além dos evidentes benefícios ecofinanceiros, também oferece elevado grau da visibilidade dos processos de TI. O nosso bom e velho amigo CTP é sem sombra de dúvida o grande responsável pelo atendimento das expectativas dos executivos. A crescente dependência da Internet para gestão de negócios é indiscutivelmente o catalisador da demanda.

Não é novidade alguma que a Internet transformou a maneira de fazer negócios e é o principal catalisador das novas necessidades das lideranças. As diversas pesquisas sobre as novas prioridades dos negócios e os estudos sobre a otimização da *performance* dos serviços (realizadas pelo IDC, Compuware etc.) mostram que as estratégias corporativas com foco no cliente final precisam considerar de forma realista e pragmática as questões sobre a disponibilidade e tempo de resposta de TI.

O forte impacto do uso da Internet nos negócios globais é um grande catalisador da necessidade de maior transparência dos processos de TI segundo as diversas lideranças de negócios da Alemanha, Brasil, Canadá, Estados Unidos, França e Reino Unido. A interferência das aplicações web na efetividade dos negócios é apontada em todos os estudos como a principal preocupação. Todos os entrevistados destacaram que precisam acompanhar mais de perto as questões de desempenho e informações inúteis, pois muitas das negociações são viabilizadas pela facilidade tempo real.

Existe um forte descontentamento com a falta de informações sobre a saúde, *performance* e impacto no negócio da operação da organização de tecnologia. Em diversos casos em que as informações estão disponibilizadas o problema é que elas não estão em tempo real e refletem apenas um registro do passado. Para a grande maioria das empresas TI falha escandalosamente na sua missão de oferecer aos gestores a correta visibilidade dos processos da tecnologia.

A gestão moderna encurtou as distâncias e por isto o sucesso do empreendimento ficou dependente de decisões rápidas e robustas e da capacidade corporativa de suportar consumidores e resolver problemas, por isso, as lideranças precisam de TI como precisam de ar e água. Claramente, estamos falando da sobrevivência do negócio. Não é mais possível, segundo os executivos, sobreviver em um ambiente de negócio de elevada incerteza sobre a capacidade de atendimento das novas demandas do mercado. A viabilidade prática das iniciativas de propaganda e marketing, recrutamento e seleção, suporte ao consumidor, gestão de recursos, vendas, relacionamento com clientes, colaboração etc. passam obrigatoriamente pelos serviços de valor agregado de TI para a imensa maioria das empresas. Falhas na tecnologia representam na prática perda de faturamento.

CAPÍTULO 6 – INFORMAÇÃO ÚTIL CATAPULTANDO O SUCESSO VERDE

Os estudos mostram que para 75% do mercado as metas de aumentar as receitas só são viáveis caso existam serviços adequados de tecnologia, ou seja, os executivos querem mais informações sobre o desempenho do ciclo completo das operações de tecnologia. Apenas uma pequena minoria afirma estar satisfeita com as informações recebidas sobre tempo de resposta e disponibilidade dos sistemas. Entre os que não estão satisfeitos, a principal reclamação é que os poucos relatórios disponíveis são complicados e não mostram relacionamento com a gestão do negócio. Informações sobre serviços como acesso a rede nada significam para eles.

De uma forma ou de outra, todos os entrevistados pretendem aumentar a mobilidade das operações de negócio e precisam entender os riscos da decisão. É bastante claro para todos que é preciso ter mais aplicações baseadas na Internet, mas são raras as organizações de TI que ajudam as lideranças a entender os impactos, riscos e oportunidades do crescimento do uso da mobilidade.

A principal prioridade dos executivos nos próximos dois anos para a área de TI é a entrega de relatórios em tempo real sobre o desempenho das operações digitais de negócios. Pode parecer que a nova TI tem olhos apenas para o dinheiro, no entanto as aplicações baseadas na Internet e mobilidade permitem a realização de atividades críticas aos negócios com extraordinária redução do consumo de energia e produção de poluentes. Ou seja, a busca pelas lideranças de melhores informações sobre desempenho, agilidade e saúde dos serviços resultam obrigatoriamente em menor consumo de energia, papel, telefonia, combustível, etc., pois as perdas e desperdícios dos processos são eliminadas. As otimizações realmente aumentam os lucros, mas também reduzem a produção de poluentes e evitam a degradação da natureza.

É bastante claro no mercado nacional hoje em dia que os tomadores de decisão precisam da parceria com a organização de TI para construir o cenário completo do negócio e da sua *performance* digital. Não existe CTP sem monitoração, por isto o caminho para viabilizar os investimentos em ferramentas que ajudem a dar visibilidade das operações e processos fim a fim (do datacenter até a operação online) passa pelo retorno de investimento gerado pela melhor percepção dos impactos e contexto global do negócio. O projeto deve ser visto não como uma ferramenta de TI, mas como um aparato automatizado e automático que suporta as lideranças na melhoria da tomada de decisões.

Embora as redes sem fio estejam provocando enorme impacto nos objetivos verdes de controle e monitoração do ciclo de vida das soluções de TI ainda existem muitos gestores de tecnologia que não compreendem a dimensão das transformações no mundo corporativo. Os dispositivos inteligentes de mobilidade como os computadores de bolso pessoais e corporativos estão cada vez mais presentes nas empresas de todos os portes e mudaram a dimensão da escala de abrangência das soluções de tecnologia.

É preciso tomar alguns cuidados para que a onda do ciclo completo não vire mais uma fonte de frustração dos resultados de TI, pois as soluções sem fio mexem totalmente com as expectativas de tempo real e é preciso gerenciar tanto a enorme ansiedade dos usuários, como a evolução técnica para evitar a criação de uma nova espiral de perdas e desperdícios. As facilidades fazem com que os usuários fiquem cada vez mais exigentes e demandantes, pois a ausência de fios causa nos usuários a falsa sensação de elevada segurança e não existência de limites.

O tráfego de vídeo e voz nas redes é sem sombra de dúvida uma grande demanda do mercado, no entanto, é preciso manter o foco de atenção em termos da capacidade de segurança e *performance* das informações trafegadas. Canais internos de televisão falando sobre os produtos e serviços da empresa na rede sem fio será realidade no curto prazo. No entanto, eles podem ser um problema, caso as informações não sejam verdadeiras. Mostrar em vídeo nas lojas via rede interna a sustentabilidade na produção e como fazer correto uso e descarte é um enorme diferencial competitivo e gerador de apelo emocional nas compras. Problemas de segurança e *performance* podem arruinar todo esforço realizado e afugentar o cliente. É evidente que o cliente quer ver nas instalações do vendedor o uso das soluções verdes da nova TI.

A grande vantagem do vídeo pela rede sem fio é o menor custo monetário e ambiental em relação aos serviços via cabo coaxial ou ethernet. O vídeo, colaboração em tempo real (por exemplo, cliente falando com a engenharia no momento da compra), e aplicações com base na computação em nuvem são sem sombra de dúvidas o nosso futuro de curto prazo. A real necessidade de acesso por diversos tipos de dispositivos móveis com segurança, controle, transparência e previsibilidade é provavelmente o maior desafio do gerenciamento das redes da nova TI nos próximos anos. As necessidades da sustentabilidade implicam que os clientes virem usuários das redes corporativas.

A comunicação digital em excesso é um dos principais geradores das informações inúteis, por isto é de fundamental importância a utilização de práticas em que a mensagem não é perdida pelo excesso de comunicação.

A fábula infantil na qual um menino tenta fazer as pessoas de uma aldeia de tolas gritando sobre a chegada de um animal perigoso é um exemplo clássico da consequência das informações inúteis. Quando o animal realmente apareceu ninguém acreditou nos gritos e o garoto foi atacado até a sua morte.

No mundo real, o excesso de comunicação ou informações inúteis equivale ao choro real do menino. O emissor da mensagem perdeu a credibilidade e os destinatários simplesmente ignoraram a comunicação. A falta de credibilidade resultante dos excessos passados faz com que mensagens importantes sejam ignoradas e perdidas.

A comunicação em excesso não é uma solução para as atividades que exigem trabalho compartilhado. Informações inúteis ou desnecessárias em nada ajudam na conquista do sucesso. Muito pelo contrário, elas custam caro e em geral atrapalham o correto desenvolvimento do trabalho. Por isto, o fundamental para ser um bom comunicador é ter o hábito de enviar apenas mensagens necessárias e relevantes.

Não existe nada pior do que ser o responsável pelo terror verde e gerar pilhas de mensagens inúteis nos correios eletrônicos das pessoas. Uma mensagem que não é lida por falta de confiança no emissor é o exemplo vivo de como esta pior prática pode virar uma praga corporativa. É consumida uma enorme quantidade de energia para escrever, armazenar, manter e enviar mensagens que são simplesmente ignoradas pelos destinatários. Como energia consome natureza e dinheiro, a perda ecofinanceira anual é gigantesca.

Perdas dessa natureza impactam fortemente tanto o investimento como a operação de armazenamento, envio e manutenção das mensagens. O custo social é enorme, pois muita energia elétrica foi gasta para resultado final nulo. Muito dinheiro bom e suado e recursos escassos da natureza foram consumidos para produzir nada. A produção de lixo digital é um caso típico de terror verde. O bolso perde e a natureza também.

A nova TI exige a presença e participação dos cabeças de TI para que o tipo certo de comunicação faça parte da realidade corporativa. Para que as informações da mensagem sejam úteis, é preciso que elas impactem de uma forma ou outra o trabalho de cada um dos destinatários.

Mensagens congratulando uma única pessoa precisam ser enviadas para todos? Será que faz sentido enviar resposta automática para todos informando sobre a ausência? A mensagem digital é o melhor mecanismo para atender as necessidades de quem lhe escreve? Dificilmente uma boa avaliação ecofinanceira justifica este tipo de prática.

Existem casos em que apenas parte das informações é relevante para o destinatário, por isto antes de enviar a mensagem para toda lista é importante considerar as atividades particulares de cada um e criar grupos com interesses comuns para informar o maior número possível de pessoas com conteúdo relevante. Outra estratégia interessante no caso de ser necessário o envio para um grande número de pessoas é fazer a intersecção dos interesses e enviar uma mensagem curta geral destacando que o conteúdo específico será enviado posteriormente para cada um dos grupos de interesse.

Mesmo com estes cuidados, ainda existirão casos de mensagens ignoradas ou não lidas. Neste caso, é preciso entender qual o interesse dos destinatários sobre o assunto. Se a resposta for nenhum interesse, então eles devem ser excluídos da lista e precisam ser informados da decisão. Não tem sentido algum encher a caixa postal de informações que eles não querem receber. Muitas vezes existem destinatários na lista apenas porque eles ocupam uma determinada posição na empresa. Se não existe impacto para o trabalho deste profissional então as informações da mensagem são inúteis e serão ignoradas.

Em outras palavras, as informações precisam ser úteis para todos os destinatários. Os detalhes na maioria das vezes são importantes apenas para um pequeno grupo e os diversos grupos têm interesses distintos; portanto, mensagens efetivas endereçam as necessidades específicas de cada uma das pessoas.

As melhores práticas para o gerenciamento de projetos constituem, sem sombra de dúvida, uma das mais poderosas ferramentas que temos à nossa disposição para a grave questão das informações inúteis nos projetos. O gerenciamento de comunicações pobre é o responsável pelo fracasso de centenas de milhares de projetos e perdas de alguns bilhões de reais. O primeiro passo para trabalhar apenas com informações úteis nos projetos é o planejamento do trabalho com base na definição documentada do projeto.

Não existem atalhos para o bom planejamento, por isto é um erro grave achar que é possível pular etapas e ir direto para a fase de execução. Planejamento pobre sempre resulta em aumento de custos e prazos e baixa qualidade (ao longo do ciclo vida) das entregas ou soluções.

A entrega inicial de um bom processo de planejamento é o documento "definição do projeto". Ele descreve em alto nível todos os aspectos da iniciativa. Após a aprovação formal deste documento pelos clientes e stakeholders relevantes, ele vira a base do trabalho que será realizado. Um bom documento "definição do projeto" endereça adequadamente os seguintes aspectos:

- Resumo. Quais são as motivações para a realização da iniciativa proposta? Quais são as diretrizes do negócio? Quais são os benefícios para o negócio?
- Objetivos. O que será monitorado e acompanhando? Quais expectativas de negócio serão endereçadas e alcançadas?
- Escopo. Quais facilidades serão disponibilizadas? Quais departamentos receberão as facilidades? O que está fora do escopo?
- Riscos e condições de contorno. Quais são as principais condições que estão sendo supostas e assumidas? Existe capacidade adequada de infraestrutura e recursos?
- Abordagem. Como a iniciativa será desdobrada e executada?
- Organização. Quais são os principais papeis? Quem é o gerente do projeto, patrocinador, stakeholders e time do projeto?
- Aprovação formal. Assinatura mostrando a concordância e aprovação do documento "definição do projeto" pelo patrocinador e principais stakeholders.

◆ Estimativa inicial. Apresentação do esforço, custo e prazo estimado com boa acuracidade. Estas estimativas podem ser revistas se necessário durante o desenvolvimento do plano de trabalho do projeto.

A segunda entrega é o horizonte de planejamento. Após a finalização da definição do projeto, o plano de trabalho pode ser desenvolvido. O plano deve mostrar o passo a passo para a construção das entregas do projeto e seu gerenciamento. Planos anteriores de projetos semelhantes podem ser utilizados como modelo. Para alcançar comunicação efetiva sempre use ferramentas do tipo estrutura analítica do projeto e diagrama de rede. O plano de trabalho deve ser detalhado e incluir informações sobre os recursos necessários e as estimativas do trabalho dentro do horizonte do planejamento confortável de momento.

Para atender a necessidade de ir além do horizonte do planejamento estime os esforços em alto nível explicitando o grau de incerteza das projeções. Naturalmente, com o progresso do projeto, o horizonte do planejamento vai avançar, e com isto as atividades de alto nível definidas inicialmente de forma generalista podem ser detalhadas antes do início da sua execução.

O terceiro passo desta jornada verde de lucro é a definição dos procedimentos de gerenciamento do projeto com foco nos recursos que serão necessários. É preciso cuidar adequadamente das questões relacionadas com o gerenciamento de mudança do escopo, risco, qualidade, comunicação. É fundamental para a efetividade verde de comunicação (inexistência de informações inúteis) que existam ações proativas de gestão. O correto e comum entendimento pelo time e stakeholders sobre como o projeto será gerenciado passa pela administração firme e robusta da execução dos procedimentos acordados. Os procedimentos já existentes e consolidados na cultura corporativa devem ser aproveitados sempre que for possível.

O passo seguinte para alcançar o direito de viver no lucrativo universo verde das informações úteis é o correto gerenciamento e monitoração do plano de trabalho, custo e prazo. O planejamento só é real e suficiente quando a etapa de execução do projeto acontece em conformidade com o planejado. Qualquer coisa diferente desta abordagem significa que existem apenas teorias.

Este momento é sempre crítico, pois existem os que imaginam que o universo é estático. As condições externas e do negócio são dinâmicas e estão em permanente mutação; em outras palavras, isto significa que não basta colocar o trem em cima do trilho que todos os problemas estarão resolvidos. A fase de planejamento é importante exatamente pela característica dinâmica do negócio. Com os acordos sobre a definição do projeto, plano de trabalho e procedimentos de gestão do projeto é possível caminhar nesta estrada em que tudo se mexe em cima dos seguros trilhos das diretrizes.

O grande desafio do momento da execução de seguir os planos e processos corretamente é enormemente diminuído quando a estrada com os trilhos do planejamento já está pavimentada. Todos sabem que dificilmente todas as estimativas do projeto vão virar realidade em cima dos valores médios, por isto é fundamental trabalhar com o conceito de variabilidade durante o planejamento e com rigor e disciplina durante a execução. A correta e proativa aplicação das habilidades de gerenciamento de projetos permitem enfrentar o dinamismo do mundo real e entregar resultados dentro das expectativas do planejamento.

A revisão frequente do plano de trabalho possibilita o acompanhamento dos progressos em função do planejamento do custo e prazo. Projetos menores podem ser revistos semanalmente e projetos grandes devem ser revisitados a cada duas semanas. As revisitações são feitas para atualizar o plano de trabalho com a situação atual das (i) atividades completadas dentro prazo e (ii) atividades que deveriam estar completadas, mas não estão.

O plano de trabalho atualizado deve ser a base da análise, se o projeto foi completado dentro do esforço, custo e duração original. Caso o gerente perceba que existirão desvios acima da variabilidade acordada, é preciso identificar o caminho crítico e encontrar alternativas para acelerar as atividades para retornar ao cenário proposto.

Os desvios avaliados precisam também focar os custos, por isto o orçamento deve ser monitorado. Durante as revisões, é preciso analisar se a quantidade consumida até o momento de recursos é compatível com os valores estimados considerando o estágio do trabalho realizado.

Caso os custos realizados estejam fora da variabilidade acordada do orçamento, é importante agir com proatividade e iniciar ação em conjunto com o time para que o restante do trabalho seja completado dentro do orçamento original. Caso isto não mais seja possível, é preciso de um lado sinalizar aumento do risco de exceder custos previstos e do outro realizar as devidas iniciativas para ajustar, comunicar e acordar um excedente orçamentário.

A necessidade de ajustes não deve ser vista como gerenciamento pobre, pois as condições de contorno assumidas não são obrigatoriamente estáticas. No entanto a falta de análise, sinalização e comunicação das variações é sempre um resultado de uma gestão ruim. Fatalmente este tipo de deficiência resulta em informações inúteis e perdas monetárias e da natureza. O bom gerente de projeto precisa identificar indicadores e índices que facilmente mostrem para todos que o projeto está em momento de turbulência ou em céu de brigadeiro. Como as variações podem ser pequena, média ou grande, os semáforos precisam endereçar no mínimo as seguintes necessidades de demonstração de resultados.

- Indicador de tendência da variação do prazo ou custo em relação ao planejado. Pequenas realizações de variação do prazo ou custo de curto prazo podem indicar aumento da probabilidade de uma grande variação do custo ou prazo no médio ou longo prazo. Sinalização rápida pode permitir correção em tempo da rota.

- Indicador do falso-positivo. Muitas vezes o gerente descobre que atividades confirmadas como completas ainda estão em fase de desenvolvimento. O caso clássico de informação inútil ocorre quando é afirmado que os todos os usuários migraram para a nova solução e eles continuam usando o sistema antigo.

- Índice realizado e de tendência de horas extras não planejadas como indicador base do ajuste do prazo final do projeto.

- Indicador do orgulho do time pelo trabalho realizado. Se ele estiver em declínio aumenta a probabilidade de falta de comprometimento e problema no projeto.

- Indicador da qualidade das entregas realizadas dos produtos ou serviços. Qualidade entregue menor que o acordado mostra deterioração do projeto como um todo. Facilmente a colaboração dos usuários com o projeto deixa de existir se as soluções entregues não estão funcionando corretamente.

◆ Indicador da qualidade dos ajustes. Etapas de controle de qualidade, testes e tempo de gestão do projeto não podem ser suprimidas para que o prazo original seja realizado. Todos os projetos impactam de uma forma ou outra a organização, por isto as atividades que asseguram que o trabalho foi corretamente realizado precisam estar presentes. Ajustes neste sentido em geral resultam em fracasso.

O conjunto de índices e indicadores deve ser escolhido tanto com olhos na melhoria da comunicação e visibilidade dos riscos do projeto, como no ajuste proativo do planejamento para que o projeto mantenha caminhar dentro do trilho correto. Caso não mais seja possível manter o plano original é preciso gerenciar os problemas e comunicar com clareza para todos interessados o plano ajustado.

As variações não são decorrentes apenas do dinamismo das condições de contorno, assumidas. Muitas vezes elas vêm da frente mudanças no escopo do projeto. As conquistas verdes da comunicação útil passam pela aprovação pelo patrocinador das solicitações de mudanças. Nenhum esforço de gestão do prazo, custo e escopo alcança correta recompensa e resultado se não existir controle.

Em geral, os fracassos nos projetos não são causados por erros nas estimativas ou por nível pobre de capacidades e habilidades do time. Normalmente os fracassos são decorrentes do fato de o time gastar grande parte do tempo e recursos na execução de atividades e trabalhos (grandes ou pequenos) que não fazem parte das entregas previstas na definição do projeto ou nos requisitos do negócio.

A comunicação com foco na utilidade permite tanto o correto entendimento de quem é cliente solicitante e impacto no escopo. Em geral, o patrocinador do projeto tem credibilidade e autoridade para bancar os recursos do projeto, por isto ele precisa estar envolvido de uma forma ou outra em todas as mudanças do escopo. No entanto, o ritual de aprovação não para na decisão dele, pois normalmente existem diversos stakeholders nos projetos. O impacto no trabalho das pessoas em geral determina a quantidade de influenciadores no projeto.

As solicitações de mudanças do escopo muitas vezes vêm em função da vontade dos stakeholders (muitos ocupam posições executivas ou gerenciais ou ainda controlam parte do time do projeto), por isto é preciso ter clareza na comunicação dos procedimentos para mudança do escopo. Todos precisam ser comunicados desde o começo que é o patrocinador que oferece a sustentabilidade para os recursos disponíveis para o projeto e que é papel dele a aprovação das solicitações de mudanças no escopo.

É preciso existir o correto entendimento que os recursos estão comprometidos com as entregas previstas e que mudanças demandam por novos recursos. O patrocinador é a única pessoa com habilidade, capacidade e autoridade para avaliar o impacto da mudança e encontrar mecanismo de financiamento dela. Em geral, a mudança é aprovada em todos os casos em que existe entendimento que o impacto no projeto é aceitável.

A elevada importância da sedimentação deste procedimento para todas as mudanças (grandes ou pequenas) é porque ainda é comum encontrar no mercado gerentes de projeto que não conseguem entender e avaliar o real impacto no projeto da soma das várias pequenas mudanças solicitadas. Em geral, este perfil profissional consegue avaliar e entender apenas os impactos de grandes mudanças como uma nova função ou entrega.

Os gerentes profissionais de projeto com capital intelectual experiente e aprimorado sabem que uma série de pequenas mudanças no escopo, em que cada uma delas individualmente parece ser totalmente inofensiva, é capaz de causar um impacto total significativo no projeto e comprometer o seu sucesso. Muitos projetos fracassam por causa da benevolência do gerente no atendimento de pequenas mudanças no escopo. A comunicação útil é um enorme aliado para evitar tanto o fracasso econômico do projeto, como o consumo sem resultado pratico dos escassos recursos naturais.

O procedimento robusto para as solicitações de mudança no escopo resolve uma boa parte dos problemas das informações inúteis, mas não consegue endereçar as situações resultantes do dinamismo do mundo dos negócios, por isto o time de projeto deve identificar os riscos conhecidos durante a execução dos trabalhos planejados.

Para que a informação seja útil, é preciso identificar os riscos com a probabilidade de ocorrência e impacto potencial no projeto. Os eventos classificados como de alto risco devem ter planos de mitigação específicos para que eles não ocorram na prática. Os eventos de risco médio devem ser analisados com cautela para ver se eles precisam ser gerenciados proativamente. Em geral, os eventos de baixo nível de riscos estão presentes nas condições de contorno assumidas, ou seja, existe o risco potencial e o cenário positivo é considerado como mais provável.

Os projetos complexos em geral têm riscos inerentes que afetam todos dentro da empresa de uma forma ou outra. Existe também neste tipo de projeto, os riscos de ordem geral que estão relacionados com nível inadequado de capital intelectual, falhas nas definições dos requisitos do projeto, falta de experiência prática com a tecnologia ou dificuldade para integrar todos os produtos, equipamentos ou soluções.

A avaliação contínua dos riscos potenciais desde o começo do projeto também faz parte do arsenal do bom gerenciamento em termos de evitar o surgimento de informações inúteis. A efetividade da atualização e comunicação dos novos riscos otimiza os recursos de gerenciamento e mantêm processos robustos com base na utilidade.

A grande vantagem dessa abordagem de gestão é a habilitação da resolução rápida dos naturais problemas causados tanto pelo dinamismo do ambiente de negócio como pelas incertezas iniciais do projeto. A comunicação baseada nas informações úteis permite o imediato envolvimento dos responsáveis pelo assunto específico e a tomada de decisão com olhar panorâmico. Não são apenas e tão somente decisões rápidas. São decisões rápidas, corretas e de baixo custo ecomonetário.

O rotineiro universo das decisões adiadas por incertezas em relação ao panorama geral do projeto ou por falta de habilidade, autoridade ou capacidade para fazer as escolhas é simplesmente implodido quando passamos a viver na lucrativa dimensão verde das informações úteis.

Lembrando que uma informação é útil quando ela disponibilizada na hora certa, para a pessoa correta e autorizada e no detalhamento adequado. Questões urgentes são rapidamente resolvidas quando o estratagema está presente. Problemas ou riscos potenciais são eliminados muito antes do seu nascimento pela correta natureza da abordagem da solução. O tradicional problema de contínuo adiamento das decisões importantes dos projetos nunca aparece quando existe o correto foco no gerenciamento de comunicações.

O evento copa do mundo de futebol é no Brasil um exemplo clássico de como a gestão com foco nas informações consegue otimizar o uso dos recursos nos projetos. Várias organizações estabeleceram políticas de comunicação para evitar problemas durante a copa do mundo de futebol de 2010.

Cientes dos riscos de excesso temporário de tráfego e degradação da infraestrutura de comunicação pela exibição de gols ou jogos ao vivo, acesso as notícias e etc. foram estabelecidas políticas acordadas, comunicadas e entendidas que permitiram controle dinâmico e inteligente sem necessidade de bloquear os portais de notícias. A atuação em regime de colaboração tornou possível gerenciar o tráfego dos serviços de vídeo garantindo o funcionamento normal da rede durante o mundial de futebol sem gerar insatisfação nos funcionários, evitando gargalos e garantindo a continuidade do negócio e projeto.

Mesmo não sendo uma informação útil de uma forma direta, a copa é um evento que atrai a atenção de todos, ou seja, é possível gerar um nível de satisfação adicional nas pessoas durante o mês da copa e obter ganhos reais para os projetos. De uma forma ou outra quando existem controles efetivos as informações inúteis deixam de existir. Basta estabelecer, de forma clara, como o conteúdo será acessado e como o tráfego será gerenciado de forma dinâmica e em tempo real para que não exista degradação, perda de produtividade e geração de perdas e ineficiências ecofinanceiras.

A escolha do fornecedor de computação em nuvem é outro bom exemplo da importância da não existência de informações inúteis para a conquista da efetividade verde pela nova TI. O planejamento do projeto é uma etapa essencial para escolher o fornecedor do serviço, pois apesar do enorme potencial ambiental, a computação em nuvem pode virar facilmente caso de terror verde se existirem equívocos na escolha do fornecedor.

A falta de padrões de mercado para avaliar os fornecedores e a infraestrutura da computação em nuvem dificultam as comparações e análises pelos menos experientes, por isto as questões relacionadas com a sustentabilidade ecofinanceira, segurança do fornecedor e *performance* da nuvem devem estar no topo da agenda dos executivos da nova TI.

Não existem duvidas de que as comparações técnicas sobre a computação em nuvem são hoje em dia um dos maiores desafios dos profissionais especializados. A avaliação técnica precisa contemplar uma análise bastante abrangente. Arquitetura, políticas internas, estrutura virtual, fluxo das informações, segmentação da rede (privada ou publica) e dos dados, gerenciamento e controle de acesso e dos dados e proteção contra acesso não autorizado são exemplos de itens que impactam a efetividade verde da solução.

A correta escolha vai muito além de comparar preços e deve passar pela avaliação profunda de cada uma das aplicações corporativas, pois existem diversos casos em que os requisitos de conformidade não são endereçados pelas soluções de mercado. Para que o entendimento dos requisitos de conformidade seja real é preciso que exista uma correta identificação e classificação dos dados e processos sensíveis, pois existem diversos tipos de nuvem no mercado.

A correta contração do fornecedor evita perdas e desperdícios e oferece benefícios reais para a sustentabilidade do negócio. O mercado apresenta alternativas bastante diferentes em função do serviço oferecido. Software como serviço, hardware como serviço ou infraestrutura como serviço são exemplos de modalidades que podem ser utilizadas apenas por alguns tipos determinados de informações e dados. Apenas com pleno entendimento do tipo é que é possível contratar solução técnica adequada.

Os requisitos de conformidade também devem ser usados para a escolha do modelo de nuvem. Nuvem privada, nuvem autogerenciada, gerenciada, nuvem pública terceirizada, nuvem pública corporativa ou nuvem híbrida são exemplos de modelos que funcionam bem em apenas algumas situações específicas de negócio, pois as características da arquitetura para as plataformas são diferentes. As especificações da capacidade de processamento, armazenamento, gravação e recuperação de dados, roteamento e latência da rede, virtualização de servidores e suporte para hardware dedicado são na maioria dos casos fatores críticos de sucesso da empreitada.

Os requisitos técnicos de conformidade atendem a uma parte das necessidades corporativas, pois não adianta contratar solução que no médio e longo prazo deixem de existir por falhas no estratagema de negócio do fornecedor. A questão segurança é sem sombra de um fator crítico de negócio. É preciso avaliar cuidadosamente todos os serviços em termos de situação atual e futura. Os processos do fornecedor para as compras de infraestrutura, software e serviços são de fundamental importância para a segurança do negócio. É preciso entender detalhadamente como as novas compras vão ser inseridas na nuvem.

As soluções de segurança das informações digitais causam em geral impactos robustos na nuvem e nos serviços entregues. Interrupção da disponibilidade, desempenho inadequado são situações facilmente encontradas quando novos hardwares, softwares e serviços são incluídos nas nuvens, por isto é fundamental exigir uma descrição detalhada sobre como serão incluídas as novas soluções de proteção e detecção de intrusão, gerenciamento de identidade, armazenamento e recuperação de dados, criptografia, testes de vulnerabilidade etc.

As políticas do fornecedor de computação em nuvem precisam endereçar todos os requisitos de conformidade da sua empresa (questões técnicas, plano de negócio de cinco anos, política permanente de sustentabilidade, plano de ganho de produtividade de médio e longo prazo e política de capital intelectual coletivo). Estes cinco fatores mudam drasticamente o valor do preço aparente de curto prazo dos serviços oferecidos pelo fornecedor. Existem casos em que soluções, que aparentemente eram viáveis em função do baixo preço, são na prática totalmente inviáveis.

A análise do provedor de serviço deve levar em conta como ele está posicionado geograficamente, como os usuários podem capturar novos recursos ou alterar os atributos dos recursos existentes, se ele é capaz de sobreviver, caso o negócio seja um sucesso e cresça intensamente e se ele tem sustentabilidade ecofinanceira do longo prazo. O capital intelectual individual e coletivo também deve ser observado na avaliação, pois é importante que o provedor tenha metodologia documentada e entendida para a monitoração do tráfego, atuação proativa em relação aos ataques digitais e possua na prática acordos de nível de serviços com baixa variabilidade dos indicadores.

Capítulo 7
Compras Sustentáveis

Para garimpar o ouro verde da nova TI é preciso ter certeza de que não existe apenas e tão somente uma aventura de marketing ou mero atendimento de exigências legais. Uma estratégia robusta e coerente consegue levar a empresa aos braços do sucesso na sua aventura dourada, no entanto, é preciso existir o pleno entendimento que o desafio corporativo não é colar um selo verde no produto ou serviço ou atender por obrigação as normas, regulamentações e legislações verdes. A pauta da agenda corporativa deve trabalhar em primeiro lugar com as questões de diferencial competitivo e fator crítico de sucesso e, como consequência, colar um selo verde ou atender a uma determinada norma.

É evidente para todos que a quantidade de normas e regulações têm viés crescente, pois os governos precisam conquistar capital político com os seus eleitores. No entanto, os grandes benefícios da sustentabilidade ambiental e monetária não estão no mero atendimento das regulamentações e conquista de incentivos fiscais. Eles representam apenas uma gota no oceano do lucro.

A conquista de novos mercados e clientes ou mesmo a manutenção da participação atual é indiscutivelmente uma temática mais importante e relevante do que a estratégia de pequeno lucro de prender a corporação no foco de atender a questões legais.

O decreto estadual nº 53.336/2008 de São Paulo que regulamentou as compras públicas sustentáveis no estado é um exemplo real e concreto de como a nova TI habilita a participação em novos mercados. Os fornecedores atentos as questões ecomonetárias entraram no jogo e disputam contas de centenas de milhares de reais.

Como é comum que decretos semelhantes no nível federal e de outros estados da federação venham fazer parte da realidade, os habilitados para atender São Paulo ganharão projeção de enorme escala e conseguirão projetar os custos das operações em um patamar tão baixo que os seus competidores dos outros estados perderão capacidade produtiva. As facilidades de lucro neste novo patamar competitivo vão além do alvo inicial que era o mercado público. O gigantesco mercado privado é enormemente catalisado pela perda de competitividade dos concorrentes.

A atitude decorrente da consciência ambiental das compras públicas endereça com efetividade o desenvolvimento de uma inteira cadeia produtiva sustentável. Diversos artigos do decreto do estado de São Paulo incentivam posturas e comportamentos de elevado retorno financeiro ao estimular ações de fomento a políticas sociais, valorização da transparência, economia de água e energia, menor volume de perdas e geração de resíduos, maximização do consumo das matérias-primas, redução dos desperdícios pela menor emissão de poluentes, desenvolvimento e uso de tecnologias não agressivas e utilização de produtos com baixa toxicidade.

Os atentos à realidade da nova TI sabem que essas práticas sedimentam um ambiente de negócio vitorioso e de menor preço e custo do ciclo de vida. Nos casos em que ainda é buscado o menor preço de curtíssimo prazo, a empresa também ganha enorme musculatura, pois os ganhos de produtividade decorrentes das melhores estratégias e práticas resultam em preço final baixo com elevado lucro. Este simples mecanismo torna possível tanto a conquista do bolso como do coração do cliente.

Pode-se afirmar que a era do melhor preço chegou. O menor custo durante o ciclo de vida da solução é sem sombra de dúvida uma tendência que será copiada no âmbito federal e federativo. Independentemente da existência de leis específicas, é inevitável que todas as compras públicas adotem critérios verdes para toda cadeia produtiva.

É bem possível que em prazos curtos existam vantagens para as cadeias produtivas verdes. Créditos verdes, isenção ou suspensão de tributos podem virar realidade para as empresas participantes das cadeias produtivas verdes com certificações ambientais.

Novas conquistas são possíveis neste cenário inicial, pois nada mais impede que o administrador público adote o ouro verde como tema da gestão. Cadeias produtivas que voluntariamente conquistaram o endereçamento de padrões verdes como a ISO 14024, ou outros selos verdes de notória credibilidade e maturidade na comunidade científica podem estar posicionadas em posições de vantagem em todas as compras governamentais.

Conclusão

A adequada sustentabilidade gera ao mesmo tempo saber profundo do negócio, preservação ambiental, redução do custo unitário do produto ou serviço produzido, maior produtividade, participação no mercado global e lucro e captura da inteligência do mercado em prol do negócio. O equilíbrio alcançado pela ecomonetarização da empresa habilita o êxito corporativo dinâmico ao longo do tempo. O mercado reconhece este perfil empresarial como empresas feitas para durar.

Capítulo 8
Conclusões Verdes

O pleno funcionamento da sociedade da informação depende do acesso aos recursos tecnológicos. As atividades mais triviais do dia a dia das pessoas são fortemente impactadas pela indisponibilidade da tecnologia, por isto vivemos este ciclo de crescimento tecnológico tão intenso. A elevada velocidade da transformação reduziu o espaço de tempo da obsolescência para um patamar mínimo muito pequeno. A atual necessidade e demanda pelo ouro da governança da nova TI é consequência desta intensa e robusta movimentação comportamental e tecnológica.

Todos já perceberam o grau de excitação provocado pela crescente geração de oportunidades de mercado em função do desafio de ampliar capacidade e modernidade ao mesmo tempo em que os recursos não renováveis devem ser preservados. É preciso manter permanente compromisso de entregar valor para as futuras gerações com o menor impacto possível ao meio ambiente.

A integração progresso tecnológico com o meio ambiente é por consequência uma necessidade de elevada monta e que clama por soluções inteligentes e alternativas simples. O correto equacionamento entre a nova TI e sustentabilidade ecomonetária contribui contundentemente para o desenvolvimento das políticas da inteligência coletiva verde.

Ao contrário do imaginado por alguns, a maioria das ferramentas disponíveis já são boas o suficiente para permitir a construção de um modelo de gestão. Não é necessário aumentar o grave problema ambiental esperando o desenvolvimento de novas técnicas e práticas.

A nova TI é apenas e tão somente o resultado da real e prática aplicação dos critérios e princípios ambientais aos atuais frameworks de boas práticas de TI. O ouro verde da nova TI Verde chega quando o pensamento deixa de estar apenas na visão da redução aparente do consumo de energia. O pensamento correlacionado e holístico envolvendo a completa cadeia produtiva da informação (agentes, processos de fabricação, consumo, reciclagem e descarte) mostra que o custo da informação inútil atingiu patamar inimaginável e precisa ser urgentemente combatido.

O artigo "Estudo aponta que empresas têm problemas para gerenciar dados" (portal Computerworld, acessado em 17/08/2010) afirma que "O levantamento aponta que 75% das informações armazenadas nos servidores estão lá há muitos anos e tendem a se transformar em lixo eletrônico." e mostra como é crítico o atual momento das informações inúteis no mercado corporativo.

A sustentabilidade do negócio passa e muito pelo rendimento da função transformação da nova TI, mas ela não é por si só condição necessária e suficiente. É preciso também estar atento às necessidades de conformidade de empresas que utilizam ou fabricam tecnologia com as principais normas nacionais e internacionais. Claramente existe um estágio regulatório brasileiro em fase de evolução e maturidade.

As implicações da sustentabilidade ecomonetária na governança na nova TI são bastante promissoras, pois a perspectiva verde está bastante alavancada em termos de retorno. Existem estímulos e incentivos oriundos tanto da administração pública direta e indireta em termos de compras sustentáveis como do marketing verde em termos de diferencial competitivo, valor agregado e percepção de benefício pelos consumidores da nova economia verde.

BIBLIOGRAFIA

AGUIAR, S.; WERKEMA, C. *Análise de Regressão*: Como Entender o Relacionamento entre as Variáveis de um Processo. Werkema.

_____. *Otimização Estatística de Processos*: Como Determinar a Condição de Operação de um Processo que Leva ao Alcance de uma Meta de Melhoria. Werkema.

_____. *Planejamento e Análise de Experimentos*: Como Identificar as Principais Variáveis Influentes em um Processo. Werkema.

AGUREEN, S.; EDGREN, J. *New Factories:* Job Design through Factory Planning in Sweden SAF Stockholm, 1980.

AHERN, D. M. *CMMI Distilled Practical Introduction to Integrated Process Improvement.* Addison Wesley.

_____.; ARMSTRONG, J. *CMMI Scampi Distilled Appraisals For Process Improvement.* Addison Wesley.

ALMEIDA, A. C. *A cabeça do Brasileiro*. Rio de Janeiro: Record, 2007.

ANSOFF, H. I. *Corporate Strategy*. Mc Graw-Hill, 1965.

_____., DECLERCK R. P., Do Planejamento Estratégico à Administração Estratégica. São Paulo: Atlas, 1990.

_____. *Estratégia*. Empresarial. Dão Paulo: McGraw Hill, 1977

_____., MCDONNELL, E. J. Implantando a Administração Estratégica. São Paulo: Atlas, 1992.

APPLEGATE, L. M. MCFARLAN, F.W.; MCKENNEY, J.L. *Corporate Information Systems Management*. Irwin, 1996

ARCHIBALD, R. D. Managing High-Technology Programs and Projects. John Wiley & Sons, 2003.

BASIL, D.C.; COCK, C. W. *O Empresário diante das transformações Sociais, Econômicas, Tecnológicas*. São Paulo: McGraw Hill, 1987.

BASTOS, L. R.; PAIXÃO, L.; FERNANDES, M. D.; NEISE. Manual para a Elaboração de Projetos e Relatórios de Pesquisa, Teses, Dissertações e Monografias. LTC, 1995.

BEER, M. *Managing Change and Transition*. Rio de Janeiro: Record, 2002.

BERNSTEIN, S. Project Offices in Practice. Project Management Journal, Dec 2000 410.

BLOCK, T. R.; FRAME, J. D. *The Project Office* – A Key to Managing Projects Effectively. Crisp Publications, 1998.

_____. The Project Office – A Key to Managing Projects Effectively. Crisp Publications, 1998

BOAR, B.H. *The Art of Strategic Planning for Information Technology.* John Wiley Prof.

BOSTON CONSULTING GROUP. Perspectives on Experience BCG Boston, 1972.

BOULDIN, B. M. *Agentes de Mudança*: Gerenciando Novas Ferramentas para a Automatização do Processo de Desenvolvimento de Sistemas. São Paulo: McGraw Hill, 1993.

BOWDITCH, J. L.; BUONO, A. F. *Elementos de Comportamento Organizacional.* São Paulo: Pioneira, 1992.

BRUE, G. e HOWES, R. The McGraw-Hill 36-Hour Course Six Sigma. McGraw-Hill New York, 2006.

_____.; LAUNSBY, E. G. *Design for Six Sigma.* New York: McGraw-Hill, 2003.

CALLADO, A. A. C. *Agronegócio.* São Paulo: Atlas, 2006.

CAMPOS, S. M. *Desvendando o MINITAB.* Rio de Janeiro: Qualitymark, 2003.

CARR, N. G. *É o Fim dos Executivos de TI?* Info Corporate N° 12 Set./ 2004.

_____. *Será que TI é tudo?* São Paulo: Gente, 2009.

CAVANAGH, R., NEUMAN, R., PANDE, P. *Estratégia Seis Sigma.* Rio de Janeiro: Qualitymark.

CHIAVENATO, I. *Teoria Geral da Administração.* São Paulo: McGraw Hill, 1979.

CHRISSIS, M. B.; KONRAD, M.; SHRUM, S. CMMI - Guidelines For Process Integration And Product Improvement. Addison Wesley.

CLELAND, D. I.; IRELAND, L. R. *Gerência de Projetos.* Reichmann & Affonso, 2002.

COHEN, R. *Implantação de Help Desk e Service Desk.* São Paulo: Novatec, 2008.

COLLINS, J.; PORRAS, J. *Built to last: successful habits of visionary companies.* Harper Business, 1997.

Melhores Empresas de TI e TELECOM para trabalhar Computerworld. *Computerworld,* 516 de 15 de Julho de 2009.

Melhores empresas para trabalhar. *Computerworld,* 29 de Novembro de 2006.

Melhores empresas para trabalhar. *Computerworld,* 18 de Julho de 2007.

Melhores empresas para trabalhar. *Computerworld*, 15 de Julho de 2009.

CORADI, C. D. *O Comportamento Humano em Administração de Empresas.* São Paulo: Pioneira, 1986.

CORTADA, J. W. *Best Pratices in Information Technology: How Corporations Get the Most Value from Exploiting their Digital Investments.* Prentice Hall, 1998.

CRAWFORD, J. K. *The Strategic Project Office* – A Guide to Improve Organizational Performance. Marcel Deker, 2002.

CROSBY, P. B. *Qualidade e Investimento.* Rio de Janeiro: José Olympio, 1979.

_____. *Qualidade*: Falando Serio. São Paulo: McGraw Hill, 1990.

_____.*Integração*: Qualidade e Recursos Humanos para os Anos 2000. São Paulo: McGraw Hill, 1993.

DAVENPORT, T. H. Reengenharia de Processos. Rio de Janeiro:Campus.

DELL, M. O Novo *Empreendedor.* HSM Management – Aug/1998.

DEMING, E. W. *Qualidade*: a Revolução da Administração. Rio de Janeiro: Saraiva, 1990.

DINSMORE, P. C.; SILVEIRA NETO, F. H. *Gerenciamento de Projetos* – Como Gerenciar seu Projeto com Qualidade dentro do Prazo e Custos Previstos. Rio de Janeiro: Qualitymark, 2004.

DRUCKER, P. F. *As fronteiras da Administração*: Onde as Decisões do Amanhã estão sendo Determinadas Hoje. São Paulo: Pioneira, 1989.

ECKES, G. *A Revolução Seis Sigma.* Rio de Janeiro: Campus/Elsevier.

EMERY, J. C. *Sistemas de Planejamento e Controle Organizacional.* Rio de Janeiro: Interciência, 1980.

ENGLUND, R. L.; GRAHAM, R. J.; DINSMORE, P. C. *Creating the Project Office* – A Manager's Guide to Leading Organizational Change. Joseey-Bass, 2003.

ESTY, D.C.; WINSTON, A. S. *O verde que vale ouro.* Rio de Janeiro: Campus, 2008.

EUREKA, W. E.; RYAN, N. E. *The Customer-driven Company*: Managerial Perspectives on QFD ASI Press Michigan, 1988.

FREITAS, M. E. *Cultura Organizacional*: Formação, Tipologias e Impacto. São Paulo: McGraw Hill, 1999.

FURLAN, J. D. Como Elaborar e Implementar Planejamento Estratégico de Sistemas de Informação. São Paulo: Mc Graw-Hill.

GAJ, L. *Tornando a Administração Estratégica Possível*. São Paulo: Mc Graw-Hill, 1990.

GEORGE GROUP. Green Belt Lean Six Sigma Documentation. George Group.

GEORGE, M. L.; ROWLANDS, D.; PRICE, M.; MAXEY J. The Lean Six Sigma Pocket George Group, 2005.

_____. Combining Six Sigma Quality with the Lean Speed. *George Group*.

GERTZ, D. Crescimento – Foco nos Clientes Atuais. *HSM Management,* n. 12 jan–fev /1999.

GIAMBIAGI, F. *Brasil, raízes do atraso*: paternalismo x produtividade. Rio de Janeiro: Campus, 2007.

GITMAN, L. J. *Princípios de Administração Financeira*. Harbra, 2002.

GOLEMAN, D. *Os Mestres da Administração*. Rio de Janeiro: Campus, 2007.

GONÇALEZ, R. *Que Crise é Essa?* Curitiba: Juruá, 2009

HAMPTON, D. R. *Administração*: Comportamento Organizacional. São Paulo: McGraw Hill, 199.1

_____. *Administração Contemporânea*. São Paulo: McGraw, 1992.

_____. *Administração*: Processos Administrativos. São Paulo: McGraw Hill, 1991.

HAMEL, G. Dez Princípios de Revolução. *HSM Management* ,n. 6, Jan-Fev/1998.

HARFORD, T. The undercover economist. Handom House, New York, 2007.

HARRINGTON, H. J. *O Processo do Aperfeiçoamento*: Como as Empresas Americanas. Líderes de Mercado Aperfeiçoam o Controle da Qualidade. São Paulo: McGraw Hill, 1988.

_____. *Aperfeiçoando os Processos Empresariais*. São Paulo: McGraw Hill, 1993.

HELDMAN, K. PMP: Project Management Professional Study Guide. Wiley Publishing, 2005.

HOFER, C. W.; SCHENDEL, D. E. Strategy Formulation: Analytical Concepts. St. Paul, MN: West, 1978

IMAI, M. Kaizen: A Estratégia para o Sucesso Competitivo. São Paulo: IMAN, 1990.

IT Governance Institute. CobiT 4.1 Control Objectives for Information and related Technology.

itSMF – NL. Frameworks for IT Management. Van Haren Publishing, 2007.

_____. Six Sigma for IT Management. Van Haren Publishing, 2006.

JENSEN, B. O Desafio da Simplicidade. HSM Management N° 9 Ago/1998.

JURAN, J. M.; GRYNA. F. M. *Controle da Qualidade*. São Paulo: McGraw Hill, 1992.

KAPLAN, R. *Os Confins da Terra*. Rio de Janeiro: Bertrand Brasil, 1998.

_____.; JOHNSON, H. T. *A relevância da Contabilidade de Custos*. Rio de Janeiro: Campus, 1996.

K_____.; NORTON, D. *A estratégia em ação*: balanced scorecard. Rio de Janeiro: Campus, 1997.

_____. *Alinhamento* - Utilizando o balanced scorecard para criar sinergias corporativas. Rio de Janeiro: Campus, 2006.

_____. *Balanced Scorecard* – translating strategy into action. Harvard Business Press, 1996.

_____. *Gestão da Estratégia* – Experiências e Lições de Empresas Brasileiras. Rio de Janeiro: Campus, 2005.

_____. *Kaplan e Norton na Prática*. Rio de Janeiro: Campus, 2004.

_____. *Mapas Estratégicos* - Balanced Scorecard. Rio de Janeiro: Campus, 2004.

_____. *Organização Orientada para a Estratégia*. Rio de Janeiro: Campus, 2000.

_____. Putting the Balanced Score Card to Work, Harvard Business Review, September/October 1993, p. 134-147.

_____. *The Balanced Score Card* – Measures that Drives Performance", Harvard Business Review, January/February 1992, p. 71-79.

_____. Using the Balanced Score Card as a Strategic Management System, Harvard Business Review, January/February 1996, p. 76-85.

KERZNER, H. *Gestão de Projetos* – As Melhores Práticas, Bookman, 2002.

. Project Management Logic Puzzles, John Wiley & Sons, 2006.

KESTENBAUM, N. *Obrigado pela informação que você não me deu*. Rio de Janeiro: Campus, 2008.

KIM, W. C.; MAUBORGNE, R. *A Estratégia do Oceano Azul* - Como criar novos mercados e tornar a concorrência irrelevante. Rio de Janeiro: Campus, 2005.

KOTLER, P. Administração de Marketing: Analise, Planejamento, Implementação e Controle. São Paulo: São Paulo: Atlas, 1989.

_____. Administração de Marketing, Prentice Hall, 2000.

_____.; WILLIAMS, E. Computers and the Environment: Understanding and Managing their Impacts. Dordrecht, NL: Academic Publishers United Nations University, 2003. p. 230.

KURATKO, D. F.; HODGETTS, R. M. Entrepreneurship: A Contemporary Approach, Dryden Press, 1992.

LAUDON, K. C.; LAUDON, J. P. Essentials of Management Information Systems: Organization & Technology in the Networked Enterprise, Prentice-Hall, 2001.

_____. Management Information Systems: Managing the Digital Firm. Prentice Hall, 2002.

LAURINDO, F. J. B. Tecnologia da Informação – Eficácia nas organizações. Futura.

LEVY, A. R. Competitividade Organizacional. São Paulo: McGraw Hill, 1992.

LITTLE, A. D. A System for Managing Diversity ADL Cambridge, 1978.

_____. Um Sistema da Administração para a Década de 80 ADL Rio de Janeiro, 1980.

_____. Methode de Planification Strategique ADL Paris, 1989.

LUBBEN, R. T. Just-in-Time. São Paulo: McGraw Hill, , 1989.

MAFFEO, B. *Engenharia de Software e Especificação de Sistemas*. Rio de Janeiro: Campus, 1992.

MARANHÃO, M. ISO Série 9000 - Versão 2000. Rio de Janeiro: Qualitymark.

MENDES, J. T. G.; PADILHA, J. B. Agronegócio uma abordagem econômica. São Paulo: Pearson Prentice Hall, 2007.

MERLI. S. Total Manufacturing Management ISEDE Torino, 1987.

MIGUEL, P. A. C.; GEROLAMO, M. C.; CARPINETTI, L. C. R. *Gestão da Qualidade ISO 9001 : 2000*. São Paulo: Atlas.

MILLER, J. Project Office – One of the Fastest Growing Segments in Information Systems. Project Management Institute - Seminars & Symposium, 1998.

MONTENEGRO, E. F.; BARROS J. P. D. *Gerenciando em Ambiente de Mudança*: Urna Ferramenta Gerencial para Neutralizar Ameaças. São Paulo: McGraw Hill, 1888.

MULCAHY, R. PMP Exam Prep. RMC Publications, 2005.

_____. Defining the Role of the PMO: The Quest for Identity. 2002.

MURATA; K.; HARRINSONN, A. *Como Fazer com que os Métodos Japoneses Funcionem no Ocidente*. São Paulo: McGraw Hill, 1993.

O'BRIEN, J. A. *Sistemas de Informação e as Decisões Gerenciais na Era da Internet*. Saraiva.

OFFICE OF GOVERNMENT COMMERCE. ITIL Service Delivery. OGC, 2000.

_____. ITIL Service Support. OGC, 2000.

_____. The Official introduction to the ITIL Service lifecycle. London: TSO, 2007.

_____. ITIL V3 Service Transition. London: TSO, 2007.

OUCHI, W. Teoria Z: Como as Empresas podem Enfrentar o Desafio Japonês Nobel. São Paulo: Nobel, 1985.

PRADO, D. Usando o ARENA em simulação. Belo Horizonte: INDG, 2004.

PERFORMANCE RESEARCH ASSOCIATES. Atendimento Nota 10. Rio de Janeiro: Sextante, 2008.

PETERS, T. J.; WATERMANN JR., R. H. Vencendo a Crise. São Paulo: Harper & Row, 1982.

PETERS, T. J.; WATERMAN JR., R. H. In Search of Excellence: Lessons from America's Best-run Companies Warner Books New York, 1984.

PINSON, L. Anatomy of a Business Plan. 3. ed. Chicago: Upstart Publishing Company, 1996.

PORTER, M. E. *A Nova Era da Estratégia*. HSM Management. Edição Especial 2000.

_____. Competitive Strategy: Techniques for Analyzing Industries and Competitors The Free Press New York, 1980.

_____. Estratégia competitiva – Técnicas para análise de indústrias e da concorrência. Rio de Janeiro: Campus, 1999.

_____. *Vantagem Competitiva*: Criando e Sustentando um Desempenho superior. Rio de Janeiro: Campus, 1990.

_____. *Vantagens Competitivas*: Criando e Sustentando um Desempenho Superior. Rio de Janeiro: Campos, 1985.

_____. Strategy and the Internet. HBR On Point PN 6358.

PROJECT MANAGEMENT INSTITUTE. A Guide to the Project Management Body of Knowledge. Project Management Institute, 2004.

PYZDEK, T. The Six Sigma Handbook: The Complete Guide for Greenbelts, Blackbelts, and Managers at All Levels, Revised and Expanded Edition. Mac Graw-Hill Companies.

_____. The Six Sigma Project Planner: A Step-by-Step Guide to Leading a Six Sigma Project Through DMAIC. Mac Graw-Hill Companies.

RENTES, A. F.; VAN AKEN, E. M.; BUTLER, R. *An Organizational Assessment Method for Transformation Efforts*. Proceedings of the Portland International Conference on Management of Engineering and Technology, Portland, OR, USA, 1999.

RIFKIN, J. *A Era do Acesso*. Makron, 2000.

ROBSON, W. *Strategic Management & Information Systems*. Pitman Publishing, 1997.

RODRIGUEZ, M. V. R. *Gestão da Mudança*. Elsevier, 2005.

ROESLER, C. E. *Alterações Estruturais da Empresas em suas Fases de Desenvolvimento*. Tese (Doutorado) Universidade Mackenzie, São Paulo, 1986.

ROSSETI, J. P.; GAJ, L.; COBRA, M.; CABRERA, L. C. Q. *Transição 2000: Tendências, Mudanças e Estratégias*. São Paulo: McGraw Hill, 1993.

ROGERS, E.; kOSTIGEN, T. M. *O livro Verde*. Rio de Janeiro: Sextante, 2009.

SAHLMAN, W. A. How to Write a Great Business Plan. Harvard Business Review, Jul/Aug, 1997.

SANTOS, M. L. B.; FRANCO, C. E, TERRA, J. C. C. *Gestão de Conteúdo 360º*. São Paulo: Saraiva, 2009.

SCHONBERGER, R. J. *Técnicas Industriais Japonesas*: Nove Lições Ocultas sobre Simplicidade. São Paulo: Pioneira, 1984.

SCHONBERGER, R. J. *Fabricação Classe Universal*. São Paulo: Pioneira, 1984.

SCHOMBERGER, R. J. *Construindo urna Corrente de Clientes*. São Paulo: Pioneira, 1992.

SERRA, L. *A essência do Business Intelligence*. São Paulo: Berkeley, 2002.

SETZER, V. W. A Miséria da Computação I – X, *Jornal de Software* Junho/1989 a Agosto/1990.

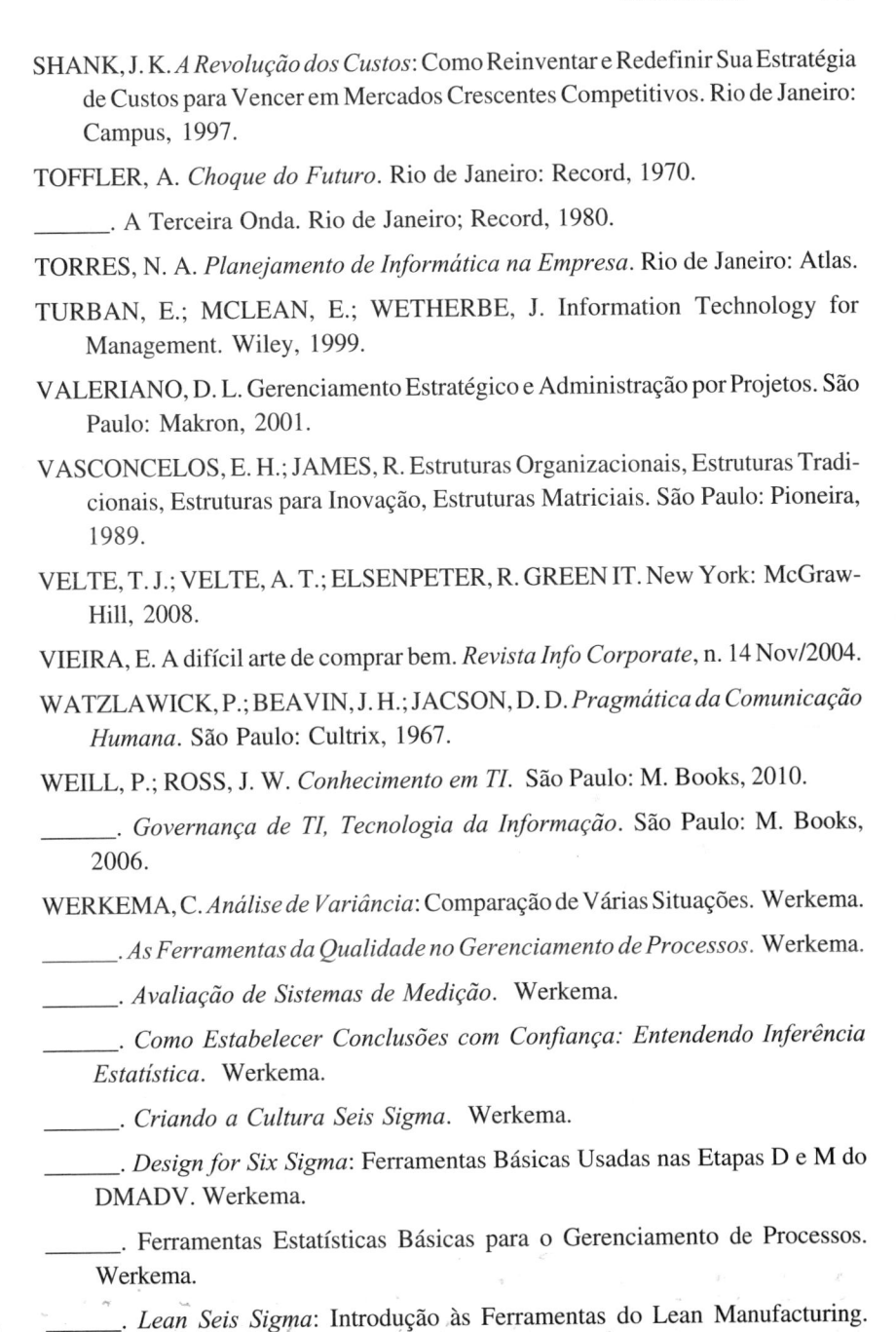

SHANK, J. K. *A Revolução dos Custos*: Como Reinventar e Redefinir Sua Estratégia de Custos para Vencer em Mercados Crescentes Competitivos. Rio de Janeiro: Campus, 1997.

TOFFLER, A. *Choque do Futuro*. Rio de Janeiro: Record, 1970.

_____. A Terceira Onda. Rio de Janeiro; Record, 1980.

TORRES, N. A. *Planejamento de Informática na Empresa*. Rio de Janeiro: Atlas.

TURBAN, E.; MCLEAN, E.; WETHERBE, J. Information Technology for Management. Wiley, 1999.

VALERIANO, D. L. Gerenciamento Estratégico e Administração por Projetos. São Paulo: Makron, 2001.

VASCONCELOS, E. H.; JAMES, R. Estruturas Organizacionais, Estruturas Tradicionais, Estruturas para Inovação, Estruturas Matriciais. São Paulo: Pioneira, 1989.

VELTE, T. J.; VELTE, A. T.; ELSENPETER, R. GREEN IT. New York: McGraw-Hill, 2008.

VIEIRA, E. A difícil arte de comprar bem. *Revista Info Corporate*, n. 14 Nov/2004.

WATZLAWICK, P.; BEAVIN, J. H.; JACSON, D. D. *Pragmática da Comunicação Humana*. São Paulo: Cultrix, 1967.

WEILL, P.; ROSS, J. W. *Conhecimento em TI*. São Paulo: M. Books, 2010.

_____. *Governança de TI, Tecnologia da Informação*. São Paulo: M. Books, 2006.

WERKEMA, C. *Análise de Variância*: Comparação de Várias Situações. Werkema.

_____. *As Ferramentas da Qualidade no Gerenciamento de Processos*. Werkema.

_____. *Avaliação de Sistemas de Medição*. Werkema.

_____. *Como Estabelecer Conclusões com Confiança: Entendendo Inferência Estatística*. Werkema.

_____. *Criando a Cultura Seis Sigma*. Werkema.

_____. *Design for Six Sigma*: Ferramentas Básicas Usadas nas Etapas D e M do DMADV. Werkema.

_____. Ferramentas Estatísticas Básicas para o Gerenciamento de Processos. Werkema.

_____. *Lean Seis Sigma*: Introdução às Ferramentas do Lean Manufacturing. Werkema.

WESTERMAN, G.; HUNTER, R. *O risco de TI*. Convertendo ameaças aos negócios em vantage competitive. São Paulo: M. Books do Brasil, 2008.

WHEELER, D. J. Understanding Variation The Key to Managing Chaos. SPC Press, Inc.

WILD, R. Work Organization John Wiley & Sons Bristol, 1975.

WOMACK, J. P.; JONES, D, T.; ROOS, D. *A Máquina que Mudou o Mundo*. Rio de Janeiro: Campos, 1992.

ZACHARIAS, O. J. ISO 9000-2000 - Conhecendo e Implementando. Quality.

WEBSITES

ACESSADO EM 2007

http://arquiambiental.blogspot.com/2007/02/sede-da-capes-edifcio-verde.html, "Sede da Capes - Edifício Verde", acessado 09/02/07

http://computerworld.uol.com.br/mercado/2007/05/08/idgnoticia.2007-05-07.0001967100/,"Venture capital em TI está em marcha lenta", acessado em 08/05/2007

http://epocanegocios.globo.com/Revista/Epocanegocios/0,,EDG79418-8374-8-1,00.html, "Por que o Brasil é ruim de inovação?", Revista Época Negócios, Outubro 2007, acessado em 01/11/2007

ACESSADO EM 2008

http://www1.folha.uol.com.br/fsp/informat/fr2008200814.htm, Lixo eletrônico é material para artista criadora das tecnojóias, acessado em 20/08/08

http://www.empreendedor.com.br/franquias/empresa-sustent%C3%A1vel-vale-mais-1, Empresa 'sustentável' vale mais, acessado em 27/08/08

http://economia.uol.com.br/ultnot/valor/2008/11/11/ult1913u97331.jhtm, "Lucro da Petrobras salta 96%, para R$ 10,852 bilhões no trimestre", acessado em 11/11/2008

http://economia.uol.com.br/cotacoes/ultnot/2008/11/12/ult1918u1417.jhtm, "Bovespa desaba 7,75% com perdas da Petrobras e dados sobre crise", acessado em 2/11/2008

http://br.invertia.com/noticias/noticia.aspx?idNoticia=200811121301_RED_1226494913nN12263563, "Bovespa cai quase 8% puxada pela Petrobras", acessado em 12/11/2008 http://economia.uol.com.br/ultnot/2008/11/12/ult4294u1877.jhtm, "Impostos sobem 7 vezes mais que salários, mostra estudo do IPEA", acessado em 12/11/200

http://info.abril.com.br/corporate/business-intelligence/se-entra-lixo-sai-lixo-1.shtml, "Se entra lixo, sai lixo", acessado em 12/12/08

http://www1.folha.uol.com.br/fsp/dinheiro/fi2112200809.htm, "Crédito farto compensava as ineficiências", acessado em 21/12/08

http://info.abril.com.br/corporate/gartner/cinco-maneiras-de-melhorar-a-confianca-nos-investimentos-e-o-retorno-e.shtml, "Cinco maneiras de melhorar a confiança nos investimentos e o retorno em ativos de TI", acessado em 22/12/2008

ACESSADO EM 2009

http://www1.folha.uol.com.br/fsp/dinheiro/fi1601200901.htm, "Brasil tem décima recessão em 28 anos ou sétima recessão em 20 anos diz a MB Associados", acessado em 16/01/09

http://cwconnect.computerworld.com.br/groups/carreira/forum/topic/4217, "Por que tão pouco tempo nas empresas onde passou?", acessado em 01/07/2009

HTTP://noticias.bol.uol.com.br/brasil/2009/07/29/ult4733u39687.jhtm, "Governo cobra indenizações de R$ 300 mi de telefônicas por falhas em callcenters", acessado em 29/07/2009

http://computerworld.uol.com.br/gestao/2009/09/15/apenas-38-das-empresas-brasileiras-tem-governanca-de-ti/, "Apenas 38% das empresas brasileiras têm governança de TI", acessado em 15/09/09

http://br.hsmglobal.com/notas/55158-pequenas-empresas-batem-recorde-falencias, "Pequenas empresas batem recorde de falências", acessado 26/10/2009

http://www.eletrosul.gov.br/gdi/gdi/index.php?pg=cl_abre&cd=hgfgec7;%7DQche, "Engenheiros recebem R$ 1000 mais subsídios", acessado em 09/11/2009

http://www.anba.com.br/noticia_meioambiente.kmf?cod=9327141, "Um edifício 'verde' em Dubai.", acessado 28/12/2009

www.aacei.org/tcm, "Total Cost Management Framework - Integrated Portfolio, Program and Project Management Methodology", acessado em: 31/12/2009

ACESSADO EM 2010

http://www.atitudessustentaveis.com.br/imoveis-sustentaveis/transformando-edificios-comuns-em-edificios-verdes/, "Transformando Edifícios Comuns em Edifícios Verdes", acessado 14 /01/10

http://info.abril.com.br/noticias/internet/da-para-escapar-da-overdose-de-informacao-04022010-4.shl, "Da para escapar da overdose de informação?", acessado em 04/02/2010

www.pmforum.org/library/papers/2010/PDFs/feb/FP-Giammalvo-PMCertsCompared.pdf, "Project Management Credentials Compared - A Preliminary Analysis", acessado em: 01/04/2010

http://exame.abril.com.br/economia/meio-ambiente-e-energia/noticias/digitro-tem-retorno-edificio-verde-547010, "Dígitro tem retorno por edifício verde", acessado 07/04/2010

http://en.wikipedia.org/wiki/Capability Maturity Model Integration, Capability Maturity Model Integration, acessado em: 17/05/2010

http://weeeman.org/html/impact/footprint.html, "Ecological Footprinting", acessado em 27 jul. 2010.

http://www.tudoagora.com.br/noticia/1543/Mundo-tem-1-bilhao-de-PCsdiz-Gartner.html, "Mundo tem 1 bilhão de PCs", diz Gartner, acessado em 27 jul. 2010.

http://homologa.ambiente.sp.gov.br/EA/adm/admarqs/Adalberto Marcondes.pdf, Tecnologia da informação e meio ambiente, acessado em 27 jul. 2010.

http://bradescobancodoplaneta.ning.com/profiles/blog/show?id=1741754%3ABlogPost%3A159092, "Monitores, TVs, geladeiras. Como descartar?", acessado em 27 jul. 2010.

http://www.rohs.eu/english/index.html, "The RoHS Regulation (Directive 2002/95/EC)", acessado em 27 jul. 2010.

http://info.abril.com.br/aberto/infonews/012008/17012008-4.shl, "Brasil já tem mais de 120 mi de celulares", acessado em 27 jul. 2010.

http://eur-lex.europa.eu/LexUriServ/LexUriServ.do?uri=OJ:L:2003:037:0019:0023:EN:PDF, "DIRECTIVE 2002/95/EC OF THE EUROPEAN PARLIAMENT AND OF THE COUNCIL of 27 January 2003", acessado em 27 jul. 2010.

http://www.cetrel.com.br/serv_processo/aterro.asp, "Aterros industriais", acessado em 27 jul. 2010.

http://info.abril.com.br/ti-verde/o-qi-verde-da-usp.shtml?2, "O QI verde da USP", acessado em 27 jul. 2010.

http://www.planalto.gov.br/ccivil_03/constituicao/constitui%C3%A7ao.htm, "Constituição da República Federativa do Brasil", acessado em 10/08/2010

http://ec.europa.eu/environment/waste/weee/index_en.htm, "Recast of the WEEE and RoHS Directives proposed", acessado em 10/08/2010.

http://computerworld.uol.com.br/gestao/2010/08/11/estudo-aponta-que-empresas-tem-problemas-para-gerenciar-dados/, "Estudo aponta que empresas têm problemas para gerenciar dados", acessado em 10/08/2010

http://downloads.techrepublic.com.com/5138-10589-5698031.html, "Monitor power consumption calculator", acessado em 13/10/2010

http://www1.folha.uol.com.br/fsp/mercado/me1809201003.htm, "Tarifa alta é culpa dos Estados, diz governo", acessado em 08/11/10

http://www.bndes.gov.br/SiteBNDES/export/sites/default/bndes_pt/Galerias/Arquivos/conhecimento/revista/rev2914.pdf, "Por que as tarifas foram para os céus? Propostas para o setor elétrico brasileiro", acessado em 08/11/10

www.softex.br

http://www.balancedscorecard.com

http://www.bscnews.com

http://www.bscol.com

http://www.corvu.com

http://www.isaca.org

http://www.ITIL.co.uk

http://www.sixsigmazone.com

http://www.cfe.iapmei.pt

http://www.anje.pt

http://www.iapmei.pt

http://www.garage.com

www.aacei.org/tcm

Anexo A
Administração dos Riscos

O primeiro passo para uma efetiva administração de riscos é a criação de um modelo genérico e simples para determinar os riscos intrínsecos do projeto. O resultado prático desta etapa inicial é a identificação das diretrizes gerais dos fatores de risco. A matriz genérica permite avaliar de forma simples, fácil e robusta se existem outros fatores que impactam positivamente ou negativamente no nível dos riscos. Por exemplo, um projeto de grande porte com nível elevado de risco pode ter o seu nível de risco sensivelmente reduzido se o gerente de projeto for um profissional muito experimente. Em outras palavras, o nível de risco pode ser aumentado, mantido ou reduzido em função das características do ambiente do projeto.

É muito importante avaliar a questão do nível elevado do risco na correta dimensão do assunto, pois alto risco não é condição necessária e suficiente para o fracasso. Um projeto não fracassa apenas porque o nível de risco é elevado. O aspecto operacional do projeto de alto risco deve ser avaliado e considerado no correto contexto, pois a adequada, robusta e coerente execução do plano de trabalho do risco permite o seu gerenciamento efetivo.

O uso de modelos na gestão de riscos é de grande utilidade prática quando ele é o resultado da customização do modelo genérico de mercado conforme: (i) necessidades específicas das características do risco do negócio e (ii) critérios dos riscos em uso pela organização. Existem empresas que consideram os projetos de duração de até mil horas como de baixo risco e os acima de 30 mil horas como de alto risco.

O correto, coerente, honesto e completo preenchimento do modelo resultam em uma boa, simples e clara determinação dos itens de alto risco. O estratagema permite o estabelecimento da correlação entre os riscos específicos do negócio e projeto e os problemas de cada um deles. A estratégia facilita tanto a visualização dos fatores de alto risco, como a redução do tempo para a criação de um plano de mitigação para cada um deles. Um bom modelo sempre apresenta atividades-exemplo que devem ser consideradas no planejamento da mitigação dos riscos.

Para alcançar o sucesso na execução do plano do projeto, é importante não parar na análise do alto risco e avaliar também os fatores de risco de nível médio. É comum existir riscos médios de impacto forte o suficiente que demandam a criação de planos de mitigação. Os itens de baixo risco não devem ser imediatamente descartados, pois eles podem ser de alto impacto caso ocorram simultaneamente. A análise adequada os transforma (na maioria das vezes) nas condições de contorno assumidas pelo projeto. Uma abordagem robusta e coerente faz com o potencial de problemas dos fatores de baixo risco sejam reconhecidos em toda a sua plenitude de causa e efeito tanto de forma individual, como coletiva.

É muito provável e lógico que as condições simultâneas não ocorrerão na prática, por isto é fundamental que o gerenciamento de riscos monitore proativamente os fatores de baixo risco. O plano de trabalho precisa endereçar todas as atividades associadas com o gerenciamento de riscos previstas pelo modelo usado.

FATORES DE RISCOS

FATOR	RISCO		
	BAIXO	MÉDIO	ALTO
Escopo	Bem definido		Mal definido
Patrocinador	Identificado e engajado		Não identificado e engajado
Requisitos do negócio	Entendidos e claros		Vagos e complexos
Disponibilidade recursos	Existe comunicação da disponibilidade e interrupções		100% de disponibilidade
Requisitos dos dados	Simples		Complexos
Comprometimento do cliente	Ativo com engajamento		Passivo sem engajamento
Processos, procedimentos e políticas	Poucas mudanças		Mudanças estruturais
Benefícios	Bem definido		Mal definido
Estrutura organizacional	Poucas mudanças		Mudanças estruturais
Processos e procedimentos	Conhecidos e utilizados		Não conhecidos e utilizados
Tecnologia utilizada	Usa soluções atuais		Necessita de novas soluções
Gerente do projeto	Experiência em projetos semelhantes		Sem experiência em projetos semelhantes
Time do projeto	Mesma localização		Mais de quatro localizações
Qualidade de dados	Definida e conversível		Pobre e complexa
Requisitos técnicos	Parecidos com anteriores		Novos e complexos
Locais das entregas	Um		Mais de seis
Quantidade de interfaces	Uma		Mais de quatro
Total horas estimadas	Até duas mil		Acima de quinze mil
Duração do projeto	Até um mês		Acima de 15 meses
Entendimento do escopo	Entendido pelo time		Não entendido pelo time
Ferramentas	Baixa customização, solução estável, fabricante com robusto plano de negócio		Elevado nível de customização, solução e fabricante novos no mercado
Estruturas impactadas	Até três		Mais de sete
Dependências do projeto	Até três dependências		Mais de sete dependências

GESTÃO DOS FATORES DE RISCOS

1. Benefícios pobremente definidos
   - Projeto pode ser paralisado ou cancelado caso existam custos elevados
   - Recursos necessários são não disponibilizados
   - Cálculo muito complexo do valor do projeto para a organização
   - Impossível calcular a relação custo e benefício das mudanças solicitadas do escopo do projeto
   - Não é possível saber se foi alcançado o valor agregado do projeto no seu encerramento

   Mitigação dos Riscos
   - Solicite que cliente do projeto determine ou o valor agregado ou os critérios para o seu dimensionamento
   - Avalie os principais requisitos e determine o valor das entregas
   - Identifique e comunique os benefícios intangíveis do projeto
   - Utilize a base de conhecimento e avalie os benefícios de projetos similares
   - Não comece um projeto sem ter o valor agregado identificado e comunicado

2. Escopo pobremente definindo
   - Impossível estimar corretamente
   - Prováveis ações fora do escopo vão consumir tempo e dinheiro do projeto
   - Requisitos não são objetivos, claros e diretos
   - Definição incompleta do projeto e plano de trabalho
   - Os procedimentos para mudanças no escopo não funcionam
   - Os entregáveis são pobremente definidos

Mitigação dos Riscos

- Tenha firme foco na definição do escopo nos processos de planejamento
- Defina claramente os componentes do escopo como estruturas impactadas, entregáveis esperados e informações requeridas
- Defina claramente o que está fora do escopo
- Defina os requisitos de alto nível do negócio e os derive na direção do escopo
- Solicite esclarecimentos do patrocinador sobre conflitos e divergências na definição do escopo
- Mantenha correta documentação de todas as suposições adotadas sobre o escopo quando estiver estimando o trabalho, custo, ou prazo total
- Comunique o escopo e as suas respectivas alternativas através de tabelas, diagramas ou gráficos
- Estabeleça procedimentos robustos e coerentes para as mudanças do escopo
- Obtenha formal e correta aprovação para a definição do projeto e requisitos do negócio
- Envie a declaração do escopo para todos os stakeholders solicitando confirmação e aprovação formal
- Nunca comece a execução do projeto sem clara definição do escopo

3. Patrocinador não identificado ou interessado
    - Provável falta de recursos
    - Provável falta de comprometimento no médio e longo prazo
    - Provável atraso por problemas políticos
    - Solicitações de mudanças e questões relevantes não serão decididas em tempo hábil

Mitigação dos Riscos

- Tenha comitê executivo forte para desenvolver as diretrizes gerais
- Use processos coerentes e robustos para resolver as disputas
- Procure outro patrocinador
- Solicite ao patrocinador a designação de profissional autorizado e capacitado para responder em nome dele
- Não comece o projeto

4. Cliente não comprometido com o projeto
   - Pode indicar desconfiança no valor (estimado) agregado do projeto
   - Dificilmente o cliente disponibiliza tempo e recursos para o projeto
   - Os requisitos do negócio não são informados ou estão incompletos ou imprecisos
   - Os clientes trabalham contra o projeto

Mitigação dos Riscos

- Crie um plano agressivo e robusto de comunicação para informar os benefícios para o negócio e manter a participação dos clientes
- Crie grupo de usuários para endereçar os assuntos do interesse deles e desenvolver entusiasmo pelo projeto
- Peça a participação dos clientes nas reuniões de planejamento dos requisitos
- Solicite ajuda do patrocinador para criar ambiente excitante de projeto
- Venda o projeto também nas atividades corporativas informais. Se for o caso crie algumas
- Tenha atitude proativa na execução do plano de utilização dos recursos do cliente
- Não inicie o projeto

5. Gerente de projeto inexperiente
    ◆ Lenta definição do projeto e plano de trabalho
    ◆ Existirá na execução do plano do projeto erros de avaliação que provavelmente gerarão retrabalhos e atrasos
    ◆ Existirá grande dificuldade para organizar e gerenciar as ações mais complexas do projeto
    ◆ Não é comum encontrar gerentes de projetos inexperientes (a maioria é apenas certificado) obtendo sucesso nos trabalhos com as melhores práticas de gestão de projetos
    ◆ A inexperiência não permite que os gerentes busquem ajuda necessária no momento correto

    Mitigação dos Riscos
    ◆ Tenha plano efetivo e proativo de treinamento e qualificação para o gerente de projeto
    ◆ Obtenha um profissional experiente para treinar e orientar o gerente de projeto
    ◆ Divida o projeto em iniciativas menores fáceis de gerenciar
    ◆ Estabeleça forte e robusto processo de garantia da qualidade para assegurar o correto andamento do projeto
    ◆ Obtenha aprovação formal e oficial para os principais entregáveis
    ◆ Forme time de projeto experiente e com forte liderança para compensar a falta de capital intelectual do gerente de projeto

6. Time do Projeto geograficamente disperso
    ◆ Maior dificuldade para obter efetividade na comunicação
    ◆ Maior complexidade para obter a integração, interação e coesão do time
    ◆ Maior dificuldade para desenvolver e manter bom relacionamento pessoal com todo time
    ◆ Alguns membros do time podem desenvolver sentimento de isolação

- Problemas com a tecnologia geram forte perda imediata de produtividade

Mitigação dos Riscos

- Agrupe o time e nivele as comunicações de forma presencial ou virtual diversas vezes durante o projeto
- Desenvolva plano efetivo e agressivo de comunicação para assegurar o saber profundo coletivo
- Faça rápidas e rotineiras reuniões de acompanhamento da execução do plano do projeto
- Faça algumas reuniões presenciais ou por vídeo com o time inteiro
- Tenha sempre alternativas para a participação nas reuniões para o caso de falhas no canal principal
- Use a telefonia tradicional para desenvolver e manter um canal de comunicação informal com o time
- Desenvolva e mantenha um repositório único e efetivo para a documentação do projeto

7. Baixo entendimento e uso das melhores práticas de gestão de projetos
    - Dificuldade para endereçar as questões do dia a dia do projeto como mudanças de escopo e gerenciamento de riscos
    - Projeto pode ficar incontrolável e não gerenciável pela complexidade dos processos internos
    - Comunicação pobre
    - Entregas em vários formatos diferentes
    - Tomada atrasada de decisões sobre questões rotineiras do projeto
    - Mudanças no escopo desconsiderando o impacto no projeto, ignorando os riscos e comprometendo a qualidade
    - Não reconhecimento e entendimento da situação real do projeto

Mitigação dos Riscos

- Ofereça treinamentos sobre procedimentos e gestão de projetos para o gerente e time do projeto
- Contrate um gerente muito experiente de projetos para ser o mentor e treinador do gerente da equipe
- Divida o projeto em iniciativas mais modestas e restritas que possam ser gerenciadas pelo capital intelectual atual de gerenciamento de projetos
- Defina e consiga as aprovações adequadas para os procedimentos de gerenciamento do projeto antes do seu começo. Tenha certeza de que as questões da gestão, gerenciamento de mudanças, riscos e qualidade foram devidamente entendidas e aprovadas
- Desenvolva plano robusto de comunicação para assegurar que todos tenham pleno conhecimento do que está acontecendo e que ofereça retorno adequado dentro dos prazos acordados
- Solicite permanente posicionamento sobre novos riscos, mudanças de escopo e questionamento sobre a qualidade das entregas

8. Requisitos do negócio para o projeto são muito vagos ou complexos
    - Os requisitos estão documentados inadequadamente
    - Não é possível trabalhar corretamente com os requisitos
    - Inexiste entendimento das expectativas do projeto
    - Solução proposta não endereça as necessidades reais do negócio
    - Não existe foco do cliente no projeto

Mitigação dos Riscos

- Use uma aplicação interativa de fácil uso, visualização e acesso para definir os requisitos do projeto nas reuniões com todos os *stakeholders*

- Use e abuse de protótipos e metodologias e técnicas de desenvolvimento iterativas para facilitar a determinação dos requisitos do novo sistema. Envolva sempre os usuários durante as fases de *function e code description*.
- Envolva o patrocinador e gerência sênior na definição das diretrizes gerais
- Desenvolva e comunique um modelo formal e simples para o envio dos requisitos
- Faça rápidos treinamentos para facilitar o pensamento e expressão dos requisitos do negócio pelos clientes
- Obtenha aprovação formal dos requisitos e estabeleça os procedimentos para o gerenciamento das mudanças

9. Necessidade de disponibilidade 24/7 dos sistemas
- Indisponibilidades causam perdas de produtividade e receita
- Redundâncias necessárias aumentam demais a complexidade dos sistemas
- Pode ser necessária a utilização de novas tecnologias ainda em fase de amadurecimento
- Necessidade de mais procedimentos e processos para manter o meio ambiente dos sistemas

Mitigação dos Riscos
- Aumente o prazo das atividades de análise, desenvolvimento, teste e controle de qualidade
- Melhore e aumente o foco e energia na avaliação da arquitetura de tecnologia e no desenvolvimento do banco de dados
- Use as melhores práticas para todas as tecnologias e componentes dos processos
- Determine exatamente quais componentes dos sistemas precisam ter o requisito de disponibilidade de 24/7
- Desenvolva um robusto e sólido plano de recuperação de desastres

- Obtenha capital intelectual interno ou externo adequado para validar todo o projeto técnico e arquitetura proposta
- Treine corretamente a equipe para que exista o real entendimento do impacto no projeto do requisito disponibilidade 24/7
- Desenvolva correto, adequado e transparente relacionamento com os fornecedores de hardware e software

10. Requisitos técnicos complexos e inéditos
    - Requisitos não entendidos resultam em decisões de projeto pobres
    - Integração complexa das tecnologias
    - Complexidade tecnológica aumenta sobremaneira o grau de dificuldade dos testes
    - Elevada complexidade técnica aumenta muito o risco de ocorrer problemas graves
    - Problemas de incompatibilidade das tecnologias são descobertos apenas na fase de integração ou teste dos sistemas

Mitigação dos Riscos
- Use sempre a documentação mais atual de todas as tecnologias envolvidas no projeto técnico para planejar com clareza a integração
- Defina completamente a arquitetura técnica do sistema e obtenha aprovação formal dos especialistas da empresa
- Contrate o serviço de especialistas de mercado para analisar, avaliar e validar a arquitetura proposta
- Desenvolva ambiente-piloto com protótipo da solução para testar a nova tecnologia com controle elevado e baixíssimo impacto no negócio
- Sempre que possível use na arquitetura tecnológica soluções maduras, conhecidas e de fabricantes estáveis
- Sempre que puder utilize produtos do mesmo fornecedor para ter a facilidade de integração de múltiplas complexidades

- Use produtos com arquitetura aberta e padrão de mercado para reduzir o risco de problemas na integração das soluções utilizadas

11. Requisitos complexos dos dados
    - Inexiste entendimento do relacionamento dos dados
    - Impossível saber se todos os detalhes necessários estão disponíveis
    - Impossível saber quando todos os detalhes necessários dos dados estão disponíveis
    - Provavelmente será descoberta a falta de alguns detalhes na fase de desenvolvimento do sistema
    - Solução perde muito do seu valor agregado caso existam falhas no atendimento dos requisitos dos dados

    Mitigação dos Riscos
    - Use ferramenta automatizada para capturar os detalhes e relacionamentos dos dados
    - Obtenha a aprovação formal do projeto lógico antes do desenvolvimento do banco de dados
    - Obtenha a aprovação formal do modelo de dados pelo cliente imediatamente após o término do seu desenvolvimento
    - Use ou contrate adequado capital intelectual de arquitetos especialistas para capturar corretamente os dados e projetar estruturas robustas que atendam todos os requisitos do negócio

12. Entregas em diversos locais
    - Requisitos diferentes em função da geografia
    - Procedimentos, processos e tecnologia diferentes em função da localização
    - Integração de todos os componentes da tecnologia é difícil e problemática em função da realidade local
    - Infraestrutura de tecnologia é diferente nos diversos locais

Mitigação dos Riscos

- Assegure a determinação e classificação de todos os requisitos em função dos locais das entregas
- Verifique se o patrocinador concorda com a customização de processos ou sistemas em função do local
- Use o estratagema de: (i) escolher a localização com situação ambiental de demanda mais simples e fácil e menos impactante (para o negócio) para efetivar a primeira entrega, (ii) trabalhar para ganhar a experiência necessária para modificar o processo de implementação com olhos na realidade dos outros locais e (iii) planejar a entrega nos outros locais após alcançar a correta e adequada maturidade
- Assegure que a arquitetura escolhida para o sistema global é flexível o suficiente para o correto funcionamento de todas as entregas em todos os locais considerado as necessidades e realidade de comunicação da unidade
- Assegure que a infraestrutura técnica está plenamente entendida em cada local

13. Sistema com muitas interfaces
    - Maior dificuldade e complexidade dos testes
    - Exige maior nível de confiança nos outros projetos ou sistemas
    - Integração mais difícil e problemática
    - Maior dificuldade no rastreamento de problemas, erros e falhas

Mitigação dos Riscos

- Reduza sempre que for possível a necessidade de interfaces
- Reduza sempre que for possível a quantidade de informações trocadas entre os sistemas
- Use tecnologia padrão de mercado para maior flexibilidade das interfaces (por exemplo, XML)

- Dívida o projeto em projetos menores reduzindo o número de interfaces e necessidade de gerenciamento
- Antecipe o trabalho de estabelecer corretamente as expectativas sobre a necessidade de recursos usando o conhecimento nos outros sistemas dos integrantes do projeto
- Teste todas as interfaces do projeto o mais cedo possível
- Assegure via análises detalhadas e profundas que as necessidades de todas as interfaces foram corretamente entendidas
- Inclua todas as pessoas que suportam as interfaces em todas as comunicações formais e informais e também na lista de recebimento dos relatórios do andamento do projeto

14. Quantidade elevada de estruturas impactadas
    - Maior complexidade para coordenação e orquestração
    - Maior dificuldade e demora das aprovações
    - Maior dificuldade para obter consensos
    - Necessidade de envolver mais pessoas e estruturas no planejamento e desenvolvimento dos requisitos
    - Existe forte dificuldade para determinar quem são os principais *stakeholders* das diversas organizações
    - Implementação mais difícil e complexa

Mitigação dos Riscos
- Estabeleça processos formais para as aprovações
- Crie um comitê diretor para representar toda a comunidade de *stakeholders*
- Mantenha o patrocinador informado e pronto para intervir nas várias estruturas e organizações
- Sempre que possível use as técnicas de desenvolvimento do consenso
- Tenha representantes de cada uma das estruturas e organizações no desenvolvimento dos requisitos, controle de qualidade e testes

- Crie oportunidades de encontros para que existam interações entre as pessoas das várias organizações e estruturas
- Trabalhe o time para existir permanente profunda conformidade e sintonia com objetivos e prioridades globais do projeto

15. Quantidade elevada de horas estimadas de trabalho
    - A quantidade elevada de horas indica que existem muitas pessoas envolvidas e que o projeto é complexo
    - Dificuldade para ter efetividade na comunicação com o time
    - Existem gargalos que dificultam a tomada de decisão no prazo adequado
    - Maior probabilidade de existir problemas com as pessoas
    - Maior probabilidade de rotatividade do time
    - Maior quantidade de pessoas para treinar

Mitigação dos Riscos
- Use uma ferramenta automática e automatizada de gerenciamento de projetos para controlar a utilização dos recursos
- Comunique e acorde com o time a entrega de relatórios semanais sobre o progresso do andamento das atividades do seu respectivo plano de trabalho
- Crie se necessário uma estrutura de times líderes gerenciando sub times
- Organize e orquestre as atividades de criação do time para construir a coesão do grupo
- Programe reuniões de acompanhamento para que todos conheçam a real situação do progresso do projeto
- Use procedimentos internos estruturados para as questões de gerenciamento do escopo, qualidade e risco
- Dívida o projeto em subprojetos menores de curta duração
- Detalhe com adequada profundidade o relacionamento entre as atividades e quantidade necessária de horas de trabalho no

projeto por pessoa e dia, para avaliar se existe necessidade de pessoas ou atividades adicionais

16. Elevada duração estimada do projeto
- Gerenciamento complexo do cronograma
- Perda de ênfase ou foco pelo time e cliente
- Comitê organizacional do projeto é desfeito antes do seu término
- Maior quantidade de mudanças nos requisitos do negócio
- Maior probabilidade de novas versões de software ou hardware
- Dificuldade para incorporar o sentido de urgência na fase inicial do projeto
- Aumento do nível de rotatividade do time interno e do cliente

Mitigação dos Riscos
- Divida o projeto em subprojetos menores de curta duração
- Identifique com clareza os marcos intermediários para controlar o cronograma do projeto com efetividade
- Use procedimentos formais de gerenciamento de mudanças para efetiva proatividade da administração
- Use a ferramenta rotação dos membros do time para manter o nível de interesse
- Mantenha foco permanente no cumprimento e atualização do cronograma
- Desenvolva o sentido de urgência desde o começo do projeto
- Organize as atividades de desenvolvimento do time para construir consenso e reduzir os atritos
- Assegure que todas as principais entregas estão formalmente aprovadas e estabeleça efetivo gerenciamento de mudanças
- Tenha projeto e arquitetura técnicos flexíveis para facilitar as decisões sobre mudanças

17. O assunto tema do projeto não é dominado pelo time
    - Curva longa de aprendizado dos membros do time do projeto
    - Perda de foco prematuro pela falta de conhecimento
    - Requisitos do negócio não fazem sentido
    - Perda de facilidades e funções críticas
    - Necessidade de total confiança no cliente para as questões do tema do projeto

    Mitigação dos Riscos
    - Treine a equipe nas questões práticas do tema do projeto o mais cedo possível
    - Coloque os principais clientes como membros do time do projeto
    - Use o tempo necessário para entender e documentar os requisitos
    - Estabeleça que os processos para aprovação dos requisitos envolvam diversos especialistas no assunto
    - Use nas sessões com todos os *stakeholders* uma ferramenta automática e automatizada para identificação dos requisitos
    - Use intensamente o recurso de reunião de saber profundo com os usuários
    - Desenvolva as estimativas considerando o tempo necessário para análise da aplicação e das atividades do projeto

18. Elevada dependência em projetos ou times externos
    - Atrasos na formação do time dos projetos externos impactam o projeto
    - Atrasos nos projetos externos impactam o projeto
    - Mudanças nas entregas dos projetos externos impactam as entregas do projeto
    - Mudanças nos times dos projetos externos impactam o projeto

- Maior complexidade na definição dos requisitos, desenvolvimento do projeto, testes etc.
- Dificuldade elevada para alcançar e manter aderência com melhores práticas, padrões, processos e tecnologia
- Comunicação efetiva é mais complexa e difícil pela grande quantidade de pessoas e grupos envolvidos
- Maior dificuldade para construir o consenso
- Maior tempo gasto na tomada de decisões nos casos de impacto em vários grupos

Mitigação dos Riscos
- Desenvolva uma clara e objetiva definição do impacto específico dos projetos e times externos no projeto
- Comunique com clareza e objetividade o prazo específico das entregas dos projetos externos
- Estabeleça pontos locais centralizados para os contatos e comunicações com os projetos e times externos
- Apresente objetivamente e de forma destacada as dependências em relação aos projetos e times externos nos relatórios de acompanhamento e nas reuniões
- Comunique permanentemente e dinamicamente as expectativas em relação aos times e projetos externos

19. Necessidade de mudanças profundas nos processos e políticas do negócio
    - Mudanças nas políticas atrasam o projeto
    - Dificuldades no entendimento dos novos processos afetam o desenvolvimento das habilidades de uso da solução
    - Falhas no primeiro momento na completa integração completa dos novos processos
    - Existência de gargalos e buracos negros por falhas na abrangência e cobertura dos novos processos

- Falta de uso de algumas funcionalidades dos sistemas em função de falhas no suporte dos procedimentos corretos
- Mudanças profundas nos processos resultando em atitudes destrutivas

Mitigação dos Riscos

- Documente todas as políticas e processos atuais e avalie se estão corretos e adequados
- Comunique claramente e objetivamente as diferenças entre os novos e velhos processos
- Comunique as mudanças potenciais com a maior antecedência possível
- Assegure-se de que os clientes estão definindo as mudanças nos processos e políticas
- Tenha uma única pessoa responsável pelas mudanças nos processos e políticas
- Desenvolva plano robusto e agressivo de comunicação para manter os clientes engajados e informados
- Desenvolva protótipo para testar a adequação e viabilidade dos *novos* processos
- Faça projeto-piloto para desenvolver capital intelectual e assegurar correto uso dos novos processos
- Inclua o sucesso da implementação das novas políticas e processos como parte dos critérios de avaliação do desempenho dos gerentes
- Tenha plano de execução com adequada flexibilidade para permitir que existam respostas concretas para as sugestões de melhorias dos processos pelos clientes e para criar ambiente real de colaboração

20. Mudanças profundas na estrutura organizacional
- Incertezas geram comportamentos exclusivamente passivos

- Não existe foco no projeto em função das incertezas organizacionais
- Existe medo real de perder o emprego pela falta de conhecimento sobre a nova estrutura organizacional
- Usuários com atitude resistente ao sistema em função de desconforto sobre a mudança organizacional
- Incertezas geram atrasos na tomada de decisões
- Mudanças organizacionais profundas geram tomadas de decisões com critérios apenas políticos

Mitigação dos Riscos
- Documente as preocupações sobre nova organização e identifique alternativas para mitigar os problemas
- Comunique frequentemente e o mais rápido possível sobre o potencial das mudanças e a motivação do negócio para elas
- Envolva nas decisões sobre o projeto e respectivas alternativas representantes de todos áreas influenciadoras e interessadas no assunto
- Tenha recursos humanos maduros e adequados envolvidos no tratamento das potenciais questões sobre pessoas

21. Tecnologia do projeto é nova e desconhecida
    - Produtividade inicial baixa em função da curva de aprendizagem
    - Problemas de integração entre a nova tecnologia e a existente na produção
    - Comportamento resistente a tecnologia provoca atrasos no projeto
    - Elevada complexidade para testar a nova tecnologia
    - Dificuldade para instalar ou configurar corretamente a nova tecnologia geram atrasos no projeto
    - Novas ferramentas geram atrasos nas entregas

- Nova tecnologia demanda por elevado nível de esforço em atividades de conversão
- Desempenho pobre do sistema durante a fase de aprendizado da configuração do ponto ótimo da operação da tecnologia

Mitigação dos Riscos
- Realize treinamentos práticos na nova tecnologia o mais cedo possível
- Treine todos que precisam instalar, usar, ou suportar a nova tecnologia
- Estabeleça contrato com o fornecedor para, sempre que necessário, ter suporte dos especialistas técnicos dele
- Use sempre que possível os serviços de especialistas de mercado conhecedores da tecnologia
- Assegure-se de que o ambiente de teste no qual a tecnologia será testada é adequado e não afeta a produção
- Assegure-se de que existe análise sólida, robusta e completa sobre as funções, recursos, e capacidades da nova tecnologia
- Desenvolva procedimentos e padrões para o correto e adequado uso da nova tecnologia
- Crie protótipo para aprender sobre a nova tecnologia em situação totalmente controlada
- Desenvolva um projeto-piloto para utilizar a nova tecnologia em um ambiente de baixo impacto para o negócio

22. Qualidade pobre dos dados com processo de conversão de elevada complexidade
    - Necessidade de mais recursos para converter os dados atuais para o novo sistema
    - Dados inconsistentes geram problemas para o novo sistema
    - Problemas na conversão dos dados geram atrasos significativos no projeto

Mitigação dos Riscos

- Assegure-se de que todos os elementos dos dados atuais estão corretamente mapeados no novo sistema
- Teste rigorosamente os processos de conversão antes de executar a conversão definitiva
- Avalie sempre a relação entre o custo e beneficio da conversão dos dados. Análise em detalhes a alternativa de trabalhar no novo sistema apenas com dados novos.
- Mantenha o sistema antigo em condições operacionais por um período determinado de tempo para acessar os dados antigos antes da conversão
- Limpe manualmente o máximo possível dos dados atuais e antigos

23. Implementação do pacote exige elevado nível de customização
    - Grande complexidade do projeto pela necessidade de customização
    - Modificações demandadas geram problemas para as funcionalidades do sistema
    - Desempenho pobre em função da customização
    - Complexidade elevada para publicar na produção as novas versões em função do elevado nível de customização
    - Elevada probabilidade de erro na escolha do pacote em função da enorme necessidade de customização
    - Atrasos na entrega do pacote causado pela grande quantidade de customizações
    - Alto nível de customização exige elevada confiança no vendedor e fabricante

Mitigação dos Riscos
- Considere os outros pacotes
- Avalie desenvolver o pacote

- Elimine requisitos de negócio desnecessários para reduzir a necessidade de customização
- Estime adequadamente e robustamente o custo e prazo das modificações e desenvolva plano de trabalho completo
- Gerencie o relacionamento com o fornecedor para assegurar que todo o trabalho necessário será entregue dentro do prazo
- Obtenha aprovação formal do patrocinador para as customizações propostas
- Teste o pacote modificado detalhadamente e profundamente para assegurar que a funcionalidade e desempenho estão dentro do esperado
- Assegure a completa rastreabilidade de todas as questões envolvendo o fornecedor e das entregas intermediárias

24. Pacote é novidade no mercado
    - Existem problemas funcionais no pacote
    - Necessidade de elevada confiança no vendedor para assegurar que os problemas serão rapidamente corrigidos
    - Instalação, teste e entrada em produção demandam prazos maiores
    - Não é possível saber se o pacote endereça todos os requisitos do negócio

Mitigação dos Riscos
- Planeje o treinamento no pacote o mais cedo possível na execução do projeto
- Contrate para o projeto recurso interno ou especialista externo com muita experiência em pacotes semelhantes e nas versões anteriores do produto
- Planeje um protótipo para ganhar familiaridade com o pacote antes da entrada em produção
- Planeje um projeto-piloto de pequeno porte para avaliar todos os aspectos da implementação

- Estabeleça acordo do nível de serviço com o fornecedor estipulando o prazo para cada nível de suporte e resolução dos problemas
- Avalie a possibilidade de atrasar o projeto até que o pacote ganhe maior nível de maturidade via utilização por outras companhias
- Avalie as impressões das outras companhias usuárias do pacote

25. Implementação do pacote é feita por uma empresa nova ou desconhecida

- Fornecedor morre e não existe mais suporte ao pacote
- Pacote fica desatualizado porque o volume de vendas no mercado é insuficiente
- Falta de relacionamento anterior com o mercado inibe o desenvolvimento rápido de parcerias
- Dificuldades na resolução das pendências legais e financeiras atrasam o contrato e projeto

Mitigação dos Riscos

- Assegure a formalização, aprovação e assinatura de todos os acordos com o fornecedor
- Exija acesso total e irrestrito ao código-fonte no caso do fabricante fechar
- Coloque o vendedor como parte do time do projeto
- Mantenha a rastreabilidade dos problemas do pacote e fornecedores
- Assegure que o vendedor esta em situação financeira atual e futura sólida e robusta
- Estabeleça os acordos com o vendedor estipulando o nível de suporte e prazo de resolução dos problemas

Anexo B
Virtualização Servidores

Benefícios

1. Redução do total da despesa operacional
2. Redução *Capital Expenditure* (CAPEX) AS400
3. Processamento em tempo real com banco de dados único
4. Atualização automática das informações para todas as áreas
5. Eliminação atrasos das informações entre unidades e São Paulo
6. Redução de 45% na carga de trabalho dos operadores
7. Eliminação do custo das horas extras para backup
8. Eliminação da redundância de aplicativos e sistemas operacionais
9. Racionalização das atividades da central de serviços
10. Dificuldades operacionais em manter a atual arquitetura pelo forte crescimento descentralizado do negócio
11. Atualização dinâmica
12. Eliminação dos problemas e custos da consolidação
13. Geração de relatórios para todas as áreas
14. Racionalização da estrutura e processo de gerenciamento

Objetivo do Projeto

Comparar a arquitetura computacional atual descentralizada com o estratagema proposto de centralização dos servidores AS400. A atual arquitetura descentralizada faz com que os servidores (20 equipamentos no total) executem os sistemas de produção da Companhia Brasileira de Trading (CBT) em diversas localidades (São Paulo, Santos, Ribeirão Preto, Paranaguá, Cuiabá, Goiânia, Vitória, Ilhéus, Porto Alegre, Alto Araguaia, Araraquara, Cruz Alta e Curitiba). Em São Paulo existem oito AS/400. A arquitetura proposta será comparada com a atual através de seis componentes de alto impacto na infraestrutura de Tecnologia de Informações (TI) e negócio.

- Custo manutenção dos servidores
- Custo para atualizar as atuais versões
- Custo de telecomunicações
- Custo da manutenção dos sistemas da CBT
- Custo do ambiente operacional de TI
- Custo da contingência

	CENTRALIZADO	DESCENTRALIZADO
Operação	✓ Atendimento dos usuários dependente de comunicações ✓ Backup e restore centralizado ✓ Eliminação da necessidade diária de transferência de arquivos e consolidação	✓ Atendimento aos usuários não dependente de comunicações ✓ Atualização local dos sistemas, backup e restore ✓ Necessidade de transferência diária de arquivos e consolidação
Manutenção servidores	✓ Menor custo pela nova garantia	✓ Custo elevado em função da idade dos vinte servidores
Manutenção sistema operacional	✓ Maior velocidade na atualização e correção. ✓ Redução do custo da liberação das correções e novas versões	✓ Correções e atualizações demoram para liberação em função da necessidade de parada programada de cada unidade. ✓ Custo maior de liberação pela quantidade de servidores e necessidade de deslocamento

	CENTRALIZADO	DESCENTRALIZADO
Manutenção aplicativos	✓ Publicação de uma única alteração. ✓ Menor risco de erros operacionais. ✓ Maior velocidade para atualização. ✓ Menor custo total para publicar as alterações. ✓ Aumento da produtividade pela eliminação da necessidade de transferência de dados	✓ Necessidade de configurar e atualizar todos os 20 servidores. ✓ Necessidade de apoiar os operadores de cada localidade para atualizações. ✓ Provável aumento do tempo de indisponibilidade dos sistemas por filial.
Equipamentos	✓ Investimento nos servidores centralizadores e crescimento da capacidade conforme as necessidades do negócio	✓ Investimento em diversos servidores e datacenters em todas as filiais
Telecomunicações	✓ Maior gasto em comunicações para assegurar acesso com desempenho adequado pelas unidades. Existem oportunidades de longo prazo para ganhos de produtividade.	✓ Manutenção das despesas atuais em comunicações. Existem dificuldades para obter ganhos de produtividade.
Contingência	✓ Necessidade de arquitetura com dois servidores com carga balanceada para evitar o risco de parada pela criação de um ponto único de falha. ✓ Arquitetura de Comunicações com carga balanceada para não criar ponto único de falha. Solução de IP REMOTO como nível adicional de segurança no caso de falhas nas linhas principais. ✓ Possibilidade de uso do atual sistema em micro para os casos de falhas graves no datacenter centralizado.	✓ Manutenção das atuais alternativas de acesso e processamento para o caso de falhas no datacenter em São Paulo. ✓ Manutenção da solução "sistema em micro" para o caso de falha no datacenter da unidade.

Comparação Custos

	Descentralizado D	Centralizado C	DiferençaD – C (US$)
Contratos de Manutenção do Hardware nas unidades	1 milhão em cinco anos	150 mil em cinco anos	0,85 milhões em cinco anos
Investimento necessário para atender ao negócio soja no Paraná na próxima safra	150 mil	Atendido	150 mil
Investimento necessário para atender ao negócio soja em Goiás na próxima safra	100 mil	Atendido	100 mil
Investimento necessário para atualizar o Sistema Operacional dos servidores das unidades	200 mil	Atendido	200 mil
Investimento necessário para Software Subscription nas unidades.	150 mil em cinco anos	60 mil em cinco anos	90 mil em cinco anos
Depreciação hardware	300 mil ao ano	200 mil ao ano	100 mil ao ano
Aumento custo comunicações	0	0,75 milhões em cinco anos	- 0,75 milhões em cinco anos
Total			1,14 milhões em cinco anos

IT CAPEX

INVESTIMENTO AQUISIÇÃO DESCENTRALIZAÇÃO	
	US$
AS400	1,5 milhão

CAPEX DESCENTRALIZADO

FAMÍLIA	ITEM	QUANTI-DADE	AQUISIÇÃO US$	TEMPO DE	CAPEX ANO VIDA	% CAPEX
Servidores	AS400	20	1.500.000	5	300.000	20%
	Rede	5	50.000	5	10.000	20%
	Internet	10	30.000	5	6.000	20%
	Correio Eletrônico	7	77.000	5	15.400	20%
	Postos Avançados	10	50.000	5	10.000	20%
	Sistema Fiscal	1	120.000	5	24.000	20%
Rede	Backbone	50	130.000	5	26.000	20%
Computadores	Micros	1.500	650.000	5	130.000	20%
	Notebooks	250	30.000	5	6.000	20%
	Impressoras	300	104.000	5	20.800	20%
Aplicativos	Pacote Office	1.750	700.000	5	140.000	20%
	ERP	800	1.740.000	5	348.000	20%
	Outros	50	36.000	5	7.200	20%
TOTAL GERAL			5.217.000		1.043.400	

INVESTIMENTO AQUISIÇÃO CENTRALIZAÇÃO

	US$
AS400	1,0 milhão

CAPEX CENTRALIZADO

FAMÍLIA	ITEM	QUANTI-DADE	AQUISIÇÃO US$	TEMPO DE	CAPEX ANO VIDA	% CAPEX
Servidores	AS400	20	1.000.000	5	200.000	20%
	Rede	5	50.000	5	10.000	20%
	Internet	10	30.000	5	6.000	20%
	Correio Eletrônico	7	77.000	5	15.400	20%
	Postos Avançados	10	50.000	5	10.000	20%
	Sistema Fiscal	1	120.000	5	24.000	20%
Rede	Backbone	50	130.000	5	26.000	20%
Computadores	Micros	1.500	650.000	5	130.000	20%
	Notebooks	250	30.000	5	6.000	20%
	Impressoras	300	104.000	5	20.800	20%
Aplicativos	Pacote Office	1.750	700.000	5	140.000	20%
	ERP	800	1.740.000	5	348.000	20%
	Outros	50	36.000	5	7.200	20%
TOTAL GERAL			4.717.000		943.400	

REDUÇÃO CUSTOS CENTRALIZAÇÃO

	US$
Em cinco anos	1,14 milhões
Média anual	228 mil

RESUMO FLUXO DE CAIXA			
	US$ (milhões)		
	DescentralizadoD	CentralizadoC	DiferençaD - C
Custo aquisição	1,5	1,0	0,5
Redução custo ano	+ 0,00	+ 0,28	
Capex	- 0,30	- 0,20	
Resultado	- 0,30	+ 0,08	

DEZ GANHOS DE PRODUTIVIDADE

1. Custo marginal do crescimento e atualização da solução centralizada é menor
2. Redução do custo unitário das transações
3. Simplificação da arquitetura de comunicações
4. Redução do custo de monitoração, gerenciamento e controle de ambiente operacional
5. Redução do tempo de indisponibilidade e custo da manutenção preventiva nas atualizações de sistemas corporativos.
6. Eliminação do desperdício e perda do espaço em disco e memória
7. Forte redução da quantidade de cópias e licenças dos sistemas e softwares
8. Atualização das informações de negócio em tempo real permitindo melhor tomada de decisões
9. Redução das tarefas operacionais nas unidades pela execução de um backup único e central
10. Forte redução das transferências diárias de arquivos eliminando atividades sem valor agregado do operador das unidades

Plano de Centralização

ATIVIDADES	SITUAÇÃO
Instalação do AS400 para centralização	
Ajuste da banda de comunicação	
Virtualização dos oito AS400 de São Paulo	
Implantação do correio eletrônico para unidades no servidor centralização	
Virtualização das novas unidades Belo Horizonte, Campo Grande, Fortaleza, Rio Preto e postos avançados	
Criação de arquitetura comunicação dos postos com IP REMOTO	
Ajustes na captura de pesagem nas balanças (entrada e saída)	
Adequação dos sistemas corporativos	
Criação acesso restrito por região	
Implantação visão conforme região	
Uniformização dos cadastros dos fornecedores, clientes, agentes e transportadoras	
Criação de rotinas de incorporação das tabelas de dados das unidades	
ESTRATÉGIAS MIGRAÇÃO	
Migração sequencial de uma unidade por semana para minimizar risco de paralisação	
Realização de backup integral do servidor da unidade e envio dele para São Paulo	
Após o termino do backup integral, os sistemas da unidade ficarão indisponíveis para manter a integridade das informações com a fita enviada para São Paulo	
Paralisação dos sistemas de TI da unidade por um dia para permitir a execução da migração	
O backup será enviado pelo meio mais rápido possível para São Paulo para que a ela seja recebida na manhã do dia seguinte	
A central de serviços cadastra e habilita todos os usuários da unidade, configura as impressoras e os postos avançados e prepara o ambiente para a conversão das tabelas	
A área de sistema coordena o processamento da aplicação "centralização" que consolida todas as tabelas de dados dos vários sistemas corporativas	
Na finalização da aplicação é executada uma ultima conferência da consolidação e integração sistema por sistema	
Execução de backup integral no servidor centralizador	

ESTRATÉGIAS MIGRAÇÃO

Após avaliações e inexistência de divergências a migração é aprovada e o acesso definitivo é disponibilizado para a unidade

Caso existam inconsistências, o processo será suspenso, o servidor da unidade será reativado e a migração será reprogramada

ESTRUTURA DE OPERAÇÃO DOS POSTOS AVANÇADOS APÓS VIRTUALIZAÇÃO

Existem quatro alternativas cujo uso depende da infraestrutura do local

Acesso em tempo real para vários usuários via banda larga, rede e firewall

Acesso em tempo real para um usuário via IP REMOTO

Acesso em tempo real para um usuário via IP banda larga ou linha discada

Processamento local e envio das informações no fim do período via IP REMOTO

CRONOGRAMA

LOCAL	DURAÇÃO	INÍCIO
São Paulo	14 dias	02 de Agosto
Santos	07 dias	16 de Agosto
Ribeirão Preto	07 dias	23 de Agosto
Paranaguá	08 dias	30 de Agosto
Cuiabá	05 dias	08 de Setembro
Goiânia	07 dias	13 de Setembro
Vitória	07 dias	20 de Setembro
Ilhéus	07 dias	27 de Setembro
Porto Alegre	14 dias	04 de Outubro
Alto Araguaia	14 dias	18 de Outubro
Araraquara	14 dias	01 de Novembro
Cruz Alta	06 dias	16 de Novembro
Curitiba	07 dias	22 de Novembro

Anexo C
Avaliação Verde

1. Os principais executivos têm compromisso explícito com a efetividade do consumo de energia?
2. A sua organização tem o costume de adquirir práticas que favorecem a eficiência enérgica dos produtos?
3. A sua empresa tem um programa para reciclar ou descartar os equipamentos eletrônicos?
4. A sua organização estimula a realização de reuniões virtuais e fornece o equipamento e suporte necessário?
5. A sua empresa instalou equipamentos para aumento da eficiência da energia e automação dos controles nos últimos 12 meses?
6. A sua organização reduziu o consumo de energia dos equipamentos em pelo menos 10% nos últimos 12 meses?
7. A sua empresa melhorou a eficácia energia dos equipamentos em pelo menos 10% nos últimos 12 meses?
8. A sua organização de TI executou iniciativas para reduzir a quantidade de servidores necessária para a operação?
9. A sua organização de TI reviu as instalações do datacenter para reduzir a necessidade de energia?
10. Existe o uso de fontes alternativas de energia alternativos na sua organização (Por exemplo, energia solar ou eólica) para energizar as instalações e os sistemas?

Impressão e Acabamento
Gráfica Editora Ciência Moderna Ltda.
Tel.: (21) 2201-6662